U0839590

珍藏本

纪念版

汉译世界学术名著丛书

文明论概略

〔日〕福泽谕吉 著

北京编译社 译

商務印書館
SINCE 1897
The Commercial Press

2017年·北京

福泽谕吉

文明论概略

东京岩波书店 1953 年版

汉译世界学术名著丛书
（120年纪念版·珍藏本）
出 版 说 明

2017年2月11日，商务印书馆迎来120岁的生日。120年前，商务印书馆前贤怀揣文化救国的理想，抱持"昌明教育，开启民智"的使命，立足本土，放眼寰宇，以出版为津梁，沟通中西，为中国、为世界提供最富智慧的思想文化成果。无论世事白云苍狗，潮流左右激荡，甚至战火硝烟弥漫，始终践行学术报国之志，无改初心。

逐译世界各国学术名著，即其一端。早在20世纪初年便出版《原富》《天演论》等影响至今的代表性著作，1950年代后更致力于外国哲学和社会科学经典的译介，及至1980年代，辑为"汉译世界学术名著丛书"，汇涓为流，蔚为大观。丛书自1981年开始出版，历时三十余年，迄今已推出七百种，是我国现代出版史上规模最大、最为重要的学术翻译工程。

丛书所选之书，立场观点不囿于一派，学科领域不限于一门，皆为文明开启以来，各时代、各国家、各民族的思想与文化精粹，代表着人类已经到达过的精神境界。丛书系统译介世界学术经典，引领时代思想，为本土原创学术的发展提供丰富的文化滋养，为推动中国现代学术和现代化进程做出了突出的贡献。

为纪念商务印书馆成立120周年，我们整体推出“汉译世界学术名著丛书”120年纪念版的珍藏本，寄望既利于文化积累，又便于研读查考，同时向长期支持丛书出版的译者、编者和读者致以敬意。

两甲子后的今天，商务印书馆又站在了一个新的历史时间节点上。我们不仅要铭记先辈的身影和足迹，更须让我们的步伐充满新的时代精神。这是商务人代代相传的事业，更是与国家和民族的命运始终紧密相连的事业。我们责无旁贷，必须做好我们这代人的传承与创造，让我们的努力和成果不仅凝聚成民族文化的记忆，还能成为后来人可以接续的事业。唯此，才能不负前贤，无愧来者。

商务印书馆编辑部

2017年10月

出版说明

福泽谕吉(1834—1901)是日本近代的重要启蒙思想家。他出身于德川末期[①]下级武士家庭，身受封建压迫，深刻体会到封建制度的腐朽；同时，他又目击当时日本在列强的环伺欺凌之下，国家独立受到严重威胁。在内忧外患的处境里，福泽立志与封建体制作斗争，并以谋求国家独立富强为己任。他早岁游历欧美，受近代科学和西方资产阶级自由民主思想的影响很深，回国以后，他极力介绍西方国家的状况，传播自由平等之说，以倡导民权，促进“文明开化”，并鼓励日本人学习科学，兴办企业，发扬独立自主的精神，以争取日本民族的独立。福泽毕生从事教育和著述工作，对于日本资本主义的发展和资产阶级民主运动起了巨大的推动作用。

福泽的著译很多，共有六十余种。“文明论概略”和“劝学篇”是他的两部代表性著作(“劝学篇”一书本馆已于 1958 年翻译出版)，当时畅销全国。在日本知识界有很大影响。“文明论概略”一书共十章，书中阐述了文明的涵义。福泽认为文明一词至大至广，无所不包，从工商企业、科学技术到政法制度、文学艺术和道德智

① 日本历史上的一个时期(1603—1867)，亦称江户时代。德川即德川家康(1542—1616)，是江户幕府的第一代将军。

慧等等，举凡人类社会的一切物质和精神财富，都被他包括在文明这一概念之中。其中他特别强调道德智慧的重要，他说一国文明程度的高低，可以人民的德智水准来衡量。因此他认为要促进文明，必须首先提高人民的道德和智慧，人民德智的提高是没有止境的，因而文明的进步也没有止境。

福泽从历史上分析比较了日本文明和西洋文明，断定日本落后，西洋先进，日本应该向西方学习，以便急起直追，迎头赶上。福泽虽然认为西洋文明高于日本文明，但他并不认为西洋文明已经尽善尽美，登峰造极，相反地，他认为缺点甚多，并不完满，只是在当时情况下，对于落后国家来说，可以称为文明罢了。至于千万年后，全世界人民德智大大增进，再回顾今天西洋的文明，一定会感到野蛮得可怜。福泽不是把西洋文明看作至高无上、永世长存的东西，而是看作一定历史发展的范畴，这是福泽思想中极为可贵的地方。

福泽思想中也有非进步的、妥协的一面，这一方面是由于福泽的阶级局限性；一方面是由于日本资本主义确立的时候，西方资本主义已接近最高阶段，即帝国主义阶段。福泽看出西洋文明并不完满，这固然表明他的目光远大、思想深邃，其实也是资本主义世界客观现实的反映。福泽眼见西方国家的富强皆出于文明的昌盛，他要求学习西洋文明，也是作为争取国家独立的手段。所以他尽管极力倡导自由、平等和民权，但总以不触动统治阶级的法权为限，他唯恐一过此限度就会削弱国家的实力。当着日本资产阶级民主运动进一步发展时，福泽在与封建统治阶级作斗争中所表现出的妥协性也就更为明显，弄到后来，他竟然主张“官民调和”，藉以约束在他看来有些过分的"自由民权"运动。

日本在由封建社会过渡到资本主义社会的历史转变中，资产阶级的表现是极其软弱的，富有极大的妥协性，民主运动极不彻底，这些在它的思想家福泽身上都一一反映出来了。福泽的思想，具体地、历史地来看，在当时仍然起了很大进步作用，他的著作也不失为日本近代思想史上的重要文献之一。我们研究日本近代史，是不能不研究福泽的著作的。为此，继"劝学篇"译述出版之后，我们又选译了"文明论概略"一书以供参考。

商务印书馆编辑部　1959年2月

目　　次

序　言

“文明论”是探讨人类精神发展的理论。其目的不在于讨论个人的精神发展，而是讨论广大群众的总的精神发展。所以，文明论也可称为群众精神发展论。一般说来，人们在社会上立身处事，往往由于被局部的利害得失所迷惑，以致失去正确的见解。习以为常，便几乎不能分辨出哪些是自然的，哪些是人为的了。有时，认为是自然的实则是习惯所使然；认为是习惯的却又是出于自然。在这种错综复杂的情况下，要创造一套完整的文明理论，不能不说是一件难事。

现代的西洋文明，是从罗马灭亡到现在大约一千多年之间形成起来的。它的历史可以说是相当悠久的了。日本自从建国以来，已经经过了二千五百年，我国的固有文明，虽然也自发地发展到一定的程度，但与西洋文明相比较，情况就有所不同了。自从嘉永①年间，美国人来到日本，此后日本又与西洋各国缔结了通邮、贸易等条约，我国人民才知道有西洋，互相比较，才知道彼此的文明情况有很大的差异；人们的视听一时为之震动，人心仿佛发生了一场骚乱。我国自建国以来二千五百年间，由于治乱兴衰，虽然也

① 日本年号，1848—1854年。——译者

发生过不少惊人的事件,但是,能深入人心使人感动的,最先是古代从中国传来的儒佛两教,以后最显著的就是近年来的对外关系了。而儒佛两教是以亚洲的固有精神传播于亚洲的,其中只有精粗之不同,对于日本来说,并不难于接受,因此说它新而不奇,也未为不可。至于近年来的对外关系就不然了:由于地理畛域不同,文明因素不同,以及这种因素的发展情况和发展程度不同,所以我国人民骤然接触到这种迥然不同的新鲜事物,不仅感到新异,而且感到所见所闻无一不奇无一不怪。这好比烈火突然接触到冷水一般,不仅在人们的精神上掀起波澜,而且还必然要渗透到人们的内心深处,引起一场翻天覆地的大骚乱。

这种人心骚乱的具体表现,就是几年前的"王制革新"以及"废藩置县",而且发展到如今依然没有停止。兵马的骚乱虽然在几年前就已平息,但人心的骚乱至今依然在日甚一日地发展着。这种骚乱是全国人民向文明进军的奋发精神,是人民不满足于我国的固有文明而要求汲取西洋文明的热情。因此,人民的理想是要使我国的文明赶上或超过西洋文明的水平,而且不达目的誓不罢休。然而,西洋文明也在日新月异地发展提高着,所以我国人民的思想也必须随着这种发展而永无止境地前进。嘉永年间美国人跨海而来,仿佛在我国人民的心头燃起了一把烈火,这把烈火一经燃烧起来便永不熄灭。

人心既如此骚乱,社会上一切事物的错综复杂情形又几乎达到不可想象的地步。在这种情况下,要创造一套完整的文明理论,对于学者来说,无疑是一件极其艰巨的任务。现在西洋各国的学者不断发表新的学说,真是推陈出新层出不穷,其中包括许多令人惊奇的东西。但是,这不过是继承千余年来的历史传统和前人的遗产,而加以研究整理得来的。即使有些新颖之处,也都是同出一源,并非首创。这和目前日本的情况相比,又怎能同日而语呢?今天我国的文明,将是一种所谓从火变水,从无到有的突变,这种变化似乎不应单纯叫作革新,而应称为首创。所以说,探讨文明理论是极其艰巨的任务,并不是没有道理的。

当代学者能够承担这个艰巨的任务,不能不说是一种幸运。因为我国自开禁以来,社会上的学者都在努力钻研“洋学”,研究的结果虽不免有些粗浅狭隘,但似乎也窥见了西洋文明的一斑,并且这些学者在二十年前,都受过日本固有文明的熏陶,不仅是耳濡目染,而且也是身临其境躬行其事的。所以在论述往事的时候,他们不会陷于臆测揣度和模糊不清,而能够直接利用自己的切身体验与西洋文明互相比照。这是一个有利条件。从这点看来,必须认为,站在已经形成的一个文明体系圈内去推测其他国家情况的西洋学者,就不如我国学者根据这种切身体验来得更加可靠了。所谓当代学者的幸运,也就在于具有这种切身体验这一点上。而且,这种体验一过了这一世代,就不可复得,因此必须认为今天的这个时代是特别宝贵的大好机会。请看目前我国的洋学家们,没有一个不是以往研究汉学的,也没有一个不是信仰神佛的;他们不是出身于封建士族,便是封建时代的百姓。这好像是一身经历了两世,也好像一个人具有两个身体。如果把这两世和两身前后相比较,以前世前身所接触的文明和今世今身所接触的西洋文明互相比照的话,那么这两者互相辉映究竟会呈现什么样的景象呢?人们自然会得出确实可靠的观点。我之所以不揣谫陋,敢于以肤浅的洋

学见解来撰写这本小册子，并且不直接翻译西洋各家的著作，只是斟酌其大意结合日本的实际情况加以阐述，无非是想要利用我所获得的而后人不可复得的这个大好机会，把我的见解留传后人参考而已。但是，抱歉得很，由于自己理论粗浅，错误必多，不能满足读者期望，所以，恳切希望今后的学者能够努力钻研，精读西洋文献，仔细研究日本的实际情况，使知识更加渊博，理论更加严密，将来能够写出一部精湛完备的文明理论，从而使全日本的面貌为之一新。我年岁还不算老，为使这一壮举早日实现，今后定要加倍努力钻研，以期作出一分贡献。

拙著中引用了西洋各种著述，其中直接从原文译出的，都注明了原著书名以明出处；至于摘译其大意，或参考各种书籍拮取其精神藉以阐明我个人见解的，都没有逐一注明出处。这正如消化食物一样，食物虽然是身外的东西，但一经摄取消化之后，就变成我体内的东西了。所以本书理论如果有可取之处，这并不是由于我的理论高明而是因为食物良好的缘故。

在撰写本书的过程中，我曾不断地请教过几位知友，或者征求他们的意见，或者倾听他们介绍读过的论著，获益匪浅；特别是承蒙小幡笃次郎君审阅校正，更大大提高了本书的理论价值。

明治 8 年 3 月 25 日　福泽谕吉

第一章 确定议论的标准

轻重、长短、是非、善恶等词，是由相对的思想产生的。没有轻就不会有重，没有善就不会有恶。因此，所谓轻就是说比重者轻，所谓善就是说比恶者善，如果不互相对比，就不能谈论轻、重、善、恶的问题。这样经过互相对比之后确定下来的重或善，就叫做议论的标准。日本谚语有所谓"腹重于背"和"舍小济大"之说。这就是说：在评价人的身体时，腹部比背部重要，因此宁使背部受伤，也要保护腹部的安全；又如对待动物，仙鹤比泥鳅既大且贵，因而不妨用泥鳅喂鹤。例如日本，废除封建时代不劳而食的诸侯藩臣制度，改变成目前这样，在表面上似乎是推翻了有产者而使其陷于窘境，但如果以日本国家和各藩来比较，当然日本国家为重而各藩为轻。废藩正如为保全腹而牺牲背，剥夺诸侯藩臣的俸禄犹如杀鳅养鹤。研究事物，必须去其枝节，追本溯源以求其基本标准。这样，就能逐渐克服议论的纷纭，而树立起正确标准。自从牛顿发现万有引力定律，确立了物体静者恒静、动者恒动的规律以来，说明世界万物的运动之理，无不以此为依据。定律也可以叫做理论的标准。假使在探讨运动的道理时没有这个定律，就会众说纷纭，莫衷一是，或者还会根据船的运动建立一套有关船的理论定律，根据车的运动又建立一套有关车的理论标准，这样只能增加理论的纷

纭而得不到根本的统一，不统一也就谈不到正确。

不确定议论的标准，就不能推论利害得失。例如城堡，虽然对守者有利而对攻者就有害，敌之得就是我之失，往者的便利就是来者的障碍。所以在讨论利害得失之前，必须首先确定其立场，是为守者，还是为攻者？是为敌，还是为我？不论为谁都必须确定其基本立场。从古至今，议论纷纭相互龃龉，其根本原因都是由于最初没有共同标准，到了最后又要强求枝叶一致而造成的。譬如神佛之说，就常常不一致。他们的主张听来似乎各有道理，如果深究其根源，神道是讲现世的吉凶，而佛法是讲未来的祸福，因其议论标准不同，这两种学说也就不能一致。汉学家和皇学家之间也有争论，他们的争论虽然纷纭复杂，但其基本的分歧在于：汉学家赞成汤武放伐，而皇学家则主张万世一系；汉学家所感到为难的也只在于这一问题上。对于事物，如果这样舍本逐末地争论下去，神儒佛的不同论点，永远不会趋于一致，正如在武备上一味争论弓矢刀枪的优劣一样。因此，要想消除这种无味的争论而达到协调一致，只有一个方法，那就是提出比他们更高明和更新的见解，让他们自己去判断新旧的好坏。例如弓矢刀枪的争论虽曾喧嚣一时，但自从采用洋枪以来，社会上就再也没有谈论弓矢刀枪的人了。〔如果只听双方片面的辩解：神官[①]将会说，神道也有葬祭之法，所以也是讲未来的；僧侣也会说，法华宗等也有加持祈祷的仪式，所以佛法也注重现世的吉凶。这样，议论就会纠缠不清。这完全是由于神

① 日本对皇室的祖先、神话时代的神或对国家有功劳的人都奉之为神，而设立神社，掌管神社祭祀的叫做神官。——译者

佛两教混淆已久，僧侣想模仿神官，神官想侵犯僧侣的职分所致。其实论神佛两教的总的精神，一个是以未来为主，一个是以现世为主，这可以从几千年来的习惯得到证明，已无须再听那些喋喋不休的议论了。〕

再看议论的标准不相同的人，至其主张的末端细节有时似乎相同，但一追溯其由来，往往在中途发现分歧，而结论也就互不相同。所以，在人们论及事物的利害时，开始听起来，认为某一事物是利或是害的看法，好像没有什么不同，但进一步追问其所以认为利或是害的理由时，就会发现他们的见解在中途有所分歧，其最后结论也就不能取得一致。例如，顽固分子总是憎恶西洋人，而在学者之中稍有见識的，看到西洋人的举止行为也并不满意，其憎恶洋人的心情可以说与顽固分子并无二致。如果单就这一点来说，两者的主张似乎相同，但是一谈到憎恶的理由时便发生分歧，前者认为西洋人是异种，所以就不问事情的是非利害只是一味憎恶；后者则见识较广，并非单纯地憎恶，而是考虑到在互相接触时可能发生的那种恶劣情况，而愤恨那些自命为文明人的西洋人对日本人的不平等待遇。两者憎恶的心情虽同而憎恶的原因各异，所以在对待西洋人的方式上也就不能一致。攘夷论者和“开国论者”[①]对细节的看法相同，而中途分歧和根本出发点不同的缘故即在于此。人们对一切事物，甚至于游嬉宴乐，往往表面上相同，而其爱好却各自不同。所以，不应从表面上观察一时的行为，而遽然判断这个人的思想。

① 主张同外国交往、亦即反对关闭自守者。——译者

另外还有一种情况，在谈论事物的利害得失时，各走极端，从议论一开始双方就发生显著的分歧而不能互相接近。例如，一听到有人谈论公民权利平等的新学说，守旧者就立刻认为这是共和政治论，从而提出：如果在我们日本主张共和政治论，那么，我们的国体怎么办，甚至还要说这将招来不测的大祸，而为之惶惶不可终日仿佛国家将陷于无君无政的大乱中。这种人从讨论的一开始，就考虑到遥远的未来，既不研究权利平等为何物，又不探求其目的之所在，只是一味反对而已。革新论者则从一开始就把守旧者当作敌人，毫无道理地排斥旧说，因而形成敌对之势，意见无法趋于一致。这就是由于双方各走极端，所以才造成不可调和的局面。举一个浅近的比喻来说，有好酒和不好酒的[①]两个人，好酒的讨厌年糕，不好酒的讨厌酒。他们各谈年糕和酒的害处，主张取消自己所不喜欢的东西。不好酒的驳斥好酒的说："如果说年糕有害，那么是否能够破除我国几百年来的习惯，在元旦那天吃茶泡饭，停止年糕铺的营业，禁止全国播种糯米呢？这当然是行不通的。"好酒的也反驳说："如果说酒有害，那么，是否能从明天起就封闭全国的酒馆，严惩那些酗酒的人，用甜米酒代替药用酒精，举行婚礼时以水盃[②]代酒呢？这当然是行不通的"。这样各执一端势必彼此冲突而不能接近，终于会使人与人之间发生纠纷而给社会造成大害。古今各国这种例子比比皆是。这种纠纷如果发生在士大夫之间，就会引起笔争舌战，著书立说，以所谓空论蛊惑人心。如果是不学

① "不好酒的"——原文为"下户"，日本人称不喝酒的人为下户，下户一般喜食年糕等甜食。——译者

② "水盃"——日本风俗，在生离死别不能再会时，以水代酒举盃互饮。——译者

无术的文盲不能舌战笔争的话，就要诉诸筋膂之力，很可能企图进行暗杀。

再看社会上彼此争论辩驳时，往往只是互相竭力攻击对方的缺点，不肯显露双方的真实面目。所谓缺点，就是指和事物的好的或有利的一面相表里的坏的或不利的一面。譬如，乡村的农民虽然正直但是愚顽；城市的居民虽然聪明但是轻薄。正直和聪明虽然是人的美德，但是也往往附带着愚顽和轻薄这种坏的方面。农民和市民之间的争论多半发生在这里：农民视市民为轻薄儿；市民骂农民为蠢货。这种针锋相对的情形，恰如各闭上一只眼睛，不看对方的优点，只找对方的缺点。如果能使他们睁开双眼，用一只眼观察对方的长处，而用另一只眼观察对方的短处的话，就能长短相抵，双方的争论也就可以得到解决。或者发现对方的长处完全掩盖了短处，那么，不仅可以消除争论，且可彼此友好，互相获益。社会上的学者也是如此。例如现在日本议论界有保守和改革两派。改革派精明而进取，保守派稳重而守旧。守旧者有陷于顽固的缺点，进取者有流于轻率的弊病。但是，稳重未必都陷于顽固，精明未必都流于轻率。试看世上的人，有喝酒而不醉的，有吃年糕而不伤胃的，可见酒和年糕未必都是醉人和伤胃的原因。醉酒或伤胃与否，只在于是否能够节制。既然如此，保守派就不必憎恶改革派，改革派也不必藐视保守派了。假设这里有四个人：甲稳重，乙顽固，丙精明，丁轻率；如果甲遇丁，乙遇丙，一定互相敌对彼此看不起；但甲遇丙，就一定会意气相投而相亲。如果彼此在感情上能够融洽，双方就能显露出真实面目，从而就能逐渐消除敌对情绪。在以前封建时代，诸侯的家臣，住在江户

藩邸[①]的和住在诸侯采邑的，两者之间在言论上，常发生分歧，属于同藩的家臣俨然如同仇敌，这也是未能显露出人的真实面目的一例。这些缺点随着人类知识的进步，固然可以自然消除，但是最有效的办法，莫过于人与人之间的接触。这种接触可以通过商业交易或学术研究，甚至可以通过游艺宴饮，也可以通过公务、诉讼、斗殴、战争等方式，凡是便于人与人的互相接触或者有把心里所想的用言语行为表达出来的机会，都能使双方的感情融洽，这就是所谓睁开双眼看到对方的长处。有识之士所以特别重视人民议会、社团讲演、交通便利、出版自由等，也就是因为它有助于人民的接触。

一切关于事物的议论都是反映每一个人的意见，当然不可能完全一致。见识高的，议论也就高；见识肤浅，议论也就肤浅。见识肤浅的人，还未能达到议论的出发点就想驳斥对方的主张，就会产生两种主张背道而驰的现象。譬如，在讨论同外国交往的利害时，甲主张开国，乙也主张开国，骤然看来甲乙的主张似乎一致，但随着甲的理论逐渐深入发挥，乙就逐渐感到不能接受，于是双方便发生争执。因为像乙这种人即所谓社会上的普通人，只能提出普通的论调，其见解亦极肤浅，不能明了议论的根本出发点，遽然听到高深的言论，反而迷失了方向。社会上这种事例比比皆是。这好比胃病患者摄取营养品不能消化，反而加重了疾病。乍看起来，

① “江户藩邸”——日本天正18年(1590)德川家康在江户(现在的东京)设立了幕府，掌握政权统治全国，为了防范各地诸侯作乱，制定了参觐的制度，各地诸侯每隔三年轮流到幕府所在地江户居住一个相当时期，因此，诸侯便在江户另设一藩邸以便居住。

高深的议论似乎对于社会有害无益，其实不然，如果没有高深的议论，就不可能引导后进者达到高深的境地。如果怕胃弱而废营养，结果只会造成患者的死亡。由于这种认识的错误，古今各国，不知发生了多少悲剧。不论在任何国家，任何时代，社会上下愚和上智的人都很少，大多数是处于智愚之间，与世浮沉，庸庸碌碌，随声附和以终其一生的。这种人就叫做普通人。所谓舆论就是在他们之间产生的。这种人只是反映当时的情况，既不能回顾过去而有所反对，也不能对未来抱有远见，好像永远停滞不前似的。可是，如今竟有人因为这种人在社会上占大多数，说是众口难拗，于是便根据他们的见解，把社会上的议论划成一条线，如果有人稍微超出这条线，就认为是异端邪说，一定要把它压入这条线内，使社会上的议论变成清一色，这究竟是什么用意呢？假如真的这样，那些智者对国家还能起到什么作用呢？将要依靠谁来预见未来为文明开辟道路呢？这未免太没有头脑了。自古以来一切文明的进步，最初无一不是从所谓异端邪说开始的。亚当·斯密最初讲述经济学时，世人不是也曾把它看做是邪说而驳斥过吗？伽利略提出地动说时，不是也被称为异端而获罪了吗？异说的争论年复一年地继续下去，社会上一般群众又仿佛受到了智者的鞭策，不知不觉地接受了他的观点，到了如今这样的文明时代，即使小学生也没有认为经济学和地动说是奇怪的了。不但不奇怪，假如有人怀疑这些定律，就要被当做愚人而为人所不齿。再举一个最近的例子来说，仅在十年以前，三百诸侯曾各设一个政府，定下君臣上下之分，掌握着生杀予夺的大权，其政权之巩固，大有可以传之子孙万代之势。然而转瞬之间便宣告土崩瓦解变成了目前的局面。到了今天，社会上当然没有人认为这是什么奇怪的事，但是，假如在十年以前，藩臣中有人提倡废藩置县，藩府该怎样对待他呢？不消说，他将立刻遭到迫害。所以说，昔日的所谓异端邪说已成现代的通论，昨日的怪论已成今日的常谈。那么，今天的异端邪说，一定会成为后日的通论常谈。学者无须顾虑舆论的喧嚷和被指斥为异端邪说，尽可鼓起勇气畅所欲言。或许别人的主张与自己的意见有所不合，但是应仔细研究其论点，可采纳的就采纳，不可采纳的暂且放在一边，以待双方意见趋于一致的一天，这就是议论标准统一的一天。切不可企图把别人的主张硬拉到自己的主张范围以内而划一社会上的议论。

根据上述情形，讨论事物的利害得失时，必须首先研究利害得失的关系，以明确其轻重和是非。论述利害得失比较容易，而辨别轻重是非却很困难。不应根据一己的利害来论断天下事的是非，也不应因眼前的利害而贻误长远的大计。必须博闻古今的学说，广泛了解世界大事，平心静气地认清真理，排除万难，突破舆论的束缚，站在超然的地位回顾过去，放大眼光展望将来。我当然不想确定议论的标准，阐明达到这个标准的方法，使所有人都同意我的见解，但是我愿意向国人提出一个问题：在今天这个时代，是应该前进呢，还是应该后退？是进而追求文明呢，还是退而回到野蛮？问题只在“进退”二字。如果国人有前进的愿望，那么我的议论也许就有可取之处，至于讨论实际如何进行的方法，则非本书的目的，这一点唯有留待大家研究。

第二章　以西洋文明为目标

前章已经说过，事物的轻重是非这个词是相对的。因而，文明开化这个词也是相对的。现代世界的文明情况，要以欧洲各国和美国为最文明的国家，土耳其、中国、日本等亚洲国家为半开化的国家，而非洲和澳洲的国家算是野蛮的国家。这种说法已经成为世界的通论，不仅西洋各国人民自诩为文明，就是那些半开化和野蛮的人民也不以这种说法为侮辱，并且也没有不接受这个说法而强要夸耀本国的情况认为胜于西洋的。不但不这样想，而且稍识事理的人，对事理懂得越透彻，越能洞悉本国的情况，越明了本国情况，也就越觉得自己国家远不如西洋，而感到忧虑不安。于是有的就想效仿西洋，有的就想发奋图强以与西洋并驾齐驱。亚洲各国有识之士的终身事业似乎只在于此。（连守旧的中国人，近来也派遣了西洋留学生，其忧国之情由此可见）。所以，文明、半开化、野蛮这些说法是世界的通论，且为世界人民所公认。那么，为什么能够这样呢？因为人们看到了明显的事实和确凿的证据。兹将其情况说明如下。这是人类的必经的阶段，也可以说是文明发展的过程。

第一、既没有固定的居处，也没有固定的食物，因利成群，利尽而散，互不相关；或有一定的居处从事农渔业、虽然衣食尚足但不知改进工具，虽然也有文字但无文学，只知恐惧自然的威力，仰赖他人的恩威，坐待偶然的祸福，而不知运用自己的智慧去发明创造。这样的人就叫做野蛮，可以说距离文明太远。

第二、农业大有进步，衣食无缺，也能营造房屋建设城市，在形式上俨然成为一个国家，但察其内部则缺欠太多；文学虽盛而研究实用之学的人却很少；在人与人的交往中，猜疑嫉妒之心甚深，但在讨论事物的道理上，却没有质疑问难的勇气；模仿性工艺虽巧，但缺乏革新创造之精神；只知墨守成规不知改进；人与人相处虽有一定规矩，但由于习惯的力量特大还不成体统。这样的人就叫做半开化，还没达到文明的程度。

第三、这里已经把社会上的一切事物纳于一定规范之内，但在这个规范内人们却能够充分发挥自己的才能，朝气蓬勃而不囿于旧习；自己掌握自己命运而不必仰赖他人的恩威；敦品励学，既不怀慕往昔，也不满足现状；不苟安于目前的小康，而努力追求未来的大成，有进无退，虽达目的仍不休止；求学问尚实用，以奠定发明的基础；工商业的日益发达，开辟幸福的泉源；人的智慧似乎不仅能满足当时的需要，而且还有余力为将来打算。这就叫做现代的文明，这可以说是已经远远地摆脱了野蛮和半开化的境界。

像以上这样分成三个阶段，就可以划清文明、半开化和野蛮的界限。但是，这些名称既然是相对的，那么，在未达到文明的时期，也不妨以半开化为最高阶段。这种文明对半开化来说固然是文明，而半开化对野蛮来说，也不能不谓之文明。例如，以现在的中国与西洋各国相比，不能不说中国是半开化。但是，把中国与南非各国相比，或取更近的例子来说，以日本近畿地方的人民与虾夷民族相比，那么，前者就可以称做文明了。现在称西洋各国为文明国家，这不过是在目前这个时代说的，如果认真加以分析，它们缺陷还非常多。例如，战争是世界上最大的灾难，而西洋各国却专门从事战争；窃盗和杀人是社会上的罪恶，而西洋各国窃盗和杀人案件层出不穷，此外西洋各国还有结党营私争权夺利的，也有因丧失权力而互相攻讦吵嚷不休的；至于在外交上要手段，玩弄权术，更是无所不为。只是大体上看来，西洋各国有朝向文明方面发展的趋势，而绝不可认为目前已经尽善尽美了。假如千百年后，人类的智德已经高度发达，能够达到太平美好的最高境界，再回顾现在西洋各国的情况，将会为其野蛮而叹息的。由此可见，文明的发展是无止境的，不应满足于目前的西洋文明。

既然不能以西洋文明为满足，那么，我们就可以舍弃西洋文明而不效法它吗？如果这样，我们将要处于何等地位呢？既不能安于半开化，更不能退回野蛮的地位。要摆脱这两个落后地位就必须另寻出路。人们期待中的百年后所谓太平盛世的最高境界，不过是人类的空想罢了。况且，文明并不是死的东西，而是不断变化发展着的。变化发展着的东西就必然要经过一定的顺序和阶段，即从野蛮进入半开化，从半开化进入文明。现在的文明也正在不断发展进步中。欧洲目前的文明也是经过这些阶段演变而来的。现在的欧洲文明，仅仅是以现在人类的智慧所能达到的最高程度而已。所以，现在世界各国，即使处于野蛮状态或是还处于半开化地位，如果想使本国文明进步，就必须以欧洲文明为目标，确定它为一切议论的标准，而以这个标准来衡量事物的利害得失。本书全编就是以欧洲文明为目标，而讨论对这种文明的利害得失的，希望学者不要误解本书主要的这种旨趣。

有人说，世界各国彼此分立，各自形成独特的体制，人情风俗也互有差异，国体政治也各有不同，现在为追求本国的文明，而完全以欧洲为衡量利害得失的标准，岂不是不合理吗？应该适当地汲取外国文明，研究本国的人情风俗，根据本国的国体和政治制度，选择其合乎国情者，当取则取，当舍则舍，这样才能调和适宜。我对这个问题的回答是这样。半开化的国家在汲取外国文明时，当然要取舍适宜，但是文明有两个方面，即外在的事物和内在的精神。外在的文明易取，内在的文明难求。谋求一国的文明，应该先攻其难而后取其易，随着攻取难者的程度，仔细估量其深浅，然后适当地采取易者以适应其深浅的程度。假如把次序颠倒过来，在未得到难者之前先取其易，不但不起作用，往往反而有害。所谓外在的文明，是指从衣服饮食器械居室以至于政令法律等耳所能闻目所能见的事物而言。如果仅以这种外在的事物当作文明，当然是应该按照本国的人情风俗来加以取舍。西洋各国即使国境毗连，其情况也互有差异，何况远离在东方的亚洲国家，怎么可以全盘效法西洋呢？即使仿效了，也不能算是文明。例如，近来我国在衣、食、住方面所流行的西洋方式，这能说是文明的象征吗？遇到剪发男子，就应该称他为文明人吗？看到吃肉者，就应该称他为开化的人吗？这是绝对不可以的。又如在日本的城市仿建了洋房和铁桥；中国也骤然要改革兵制，效法西洋建造巨舰，购买大炮，这些不顾国内情况而滥用财力的做法，是我一向反对的。这些东西用人力可以制造，用金钱可以购买，是有形事物中的最显著者，也是

容易中的最容易者，汲取这种文明，怎么可以不考虑其先后缓急呢？必须适应本国的人情风俗，斟酌本国的强弱贫富。某人所谓研究人情风俗，可能就是指此而言。关于这一点，我本来没有异议，不过，某人似乎只谈文明的外表，忽视了文明的精神。那么，究竟所谓文明的精神是什么呢？这就是人民的“风气”。这个风气，既不能出售也不能购买，更不是人力所能一下子制造出来的，它虽然普遍渗透于全国人民之间、广泛表现于各种事物之上，但是既不能以目窥其形状，也就很难察知其所在。我现在愿意指出它的所在。学者们如果博览世界历史，把亚欧两洲加以比较，姑且不谈其地理物产，不论其政令法律，也不问其学术的高低和宗教的异同，而专门寻求两洲之间迥乎不同之处，就必然会发现一种无形的东西。这种无形的东西是很难形容的，如果把它培养起来，就能包罗天地万物，如果加以压抑，就会萎缩以至于看不见其形影；有进退有盛衰，变动不居。虽然如此玄妙，但是，如果考察一下欧亚两洲的实际情况，就可以明确知道这并不是空虚的。现在暂且把它称作国民的“风气”，若就时间来说，可称作“时势”；就人来说可称作“人心”；就国家来说可称作“国情”或“国论”。这就是所谓文明的精神。使欧亚两洲的情况相差悬殊的就是这个文明的精神。因此，文明的精神，也可以称为一国的“人情风俗”。由此可见，有人说要汲取西洋文明，必须首先研究本国的人情风俗这句话，虽然在字句上似乎不够明确，但是，如果详细加以分析，意思就是：不应单纯仿效文明的外形而必须首先具有文明的精神，以与外形相适应。我所主张的以欧洲文明为目标，意思是为了具有这种文明的精神，必须从它那里寻求，所以两种意见是不谋而合的。不过，某人主张

寻求文明应先取其外形，但一旦遇到障碍，则又束手无策；我的主张是先求其精神，排除障碍，为汲取外形文明开辟道路。两种见解的差异即在于此。某人并非厌恶文明，只是爱好得不如我殷切，议论还不够透彻而已。

前面已经论述了文明的外形易取而文明的精神难求。现在来阐明这个道理。衣服饮食器械居室以至政令法律，都是耳目可以闻见的东西。然而，政令法律若与衣食居室相比，情况便有所不同，政令法律虽然可以耳闻目见，但终究不是可以用手来捉摸或者用金钱可以买卖的东西，所以汲取的方法也较困难，不同于衣食房屋等物。所以，仿效西洋建筑铁桥洋房就容易，而改革政治法律却难。我们日本虽然已经有了铁桥洋房，但是政治法律的改革直到现在还未能实行，国民会议未能很快地成立，其原因即在于此。至于更进一步想要改变全国人民的风气，更是谈何容易，这绝不是一朝一夕所能奏效的。既不能单靠政府命令来强制，也不能依赖宗教的教义来说服，更不能仅仅通过衣食房屋等的改革从外表来引导。唯一方法是顺应人民的天性，消除弊害，排除障碍，使全体人民的智德自然发展，使其见解自然达到高尚的地步。假使这样能够打开改变人心的端绪，则政令法律的改革自然可以畅行无阻了。人心有了改变，政令法律也有了改革，文明的基础才能建立起来，至于那些衣食住等有形物质，必将随自然的趋势，不招而至，不求而得。所以说，汲取欧洲文明，必须先其难者而后其易者，首先变革人心，然后改革政令，最后达到有形的物质。按照这个顺序做，虽然有困难，但是没有真正的障碍，可以顺利到达目的。倘若次序颠倒，看来似乎容易，实际上此路不通，恰如立于墙壁之前寸步难

移，不是踌躇不前，就是想前进一寸，反而后退一尺。

以上所述仅限于谋求文明的顺序，但我绝不是说有形的文明完全无用。有形也好无形也好，不论求之于国外或是创造于国内，都不应有所轩轾。只是要看当时的情况，察其先后缓急，而绝不是全然否定。人的才能是无限的，既有身体的才能，也有精神的才能，它所涉及的范围极广，需要的方面极多，因为人的天性本来是趋向于文明的，所以只要不伤害天性就可以了。文明的真谛在于使天赋的身心才能得以发挥尽致。例如，在原始时代，人们都重视膂力，它支配了人与人的关系，在人与人的关系上势必要偏重于权力这一方面，而运用人的才能的范围则是非常狭窄的。后来文化稍微进步，人的精神渐渐发展起来，智力也自然取得了地位，而与膂力相提并论，两者互相制约，取得均势，于是才稍微克服了偏重权威，而发挥人们才能的范围也有了扩大。但是在古代，由于膂力和智力并用的机会很少，膂力只用于战斗，而无暇顾及其他。至于对衣食住所需物资的取得，只不过是利用战斗的余力罢了。这就是所谓尚武的风俗。当时智力虽然逐渐有了地位，但因忙于维系野蛮的人心，致使智力未能运用于康乐和平的事业，而只是用作治人的手段，并且还得和膂力互相依存，以致未能取得独立的地位。试看今天世界各国，不仅在野蛮的国家，即使在半开化的国家，凡是智德兼备的人，都是通过种种关系而服务于政府，并依靠政府的力量从事于治人的工作。即或偶尔有不从属于政府而为自身工作的，也不过是研究古典，或陶醉于诗歌等文艺之中，可以说并未能充分发挥人的才能。后来，社会上的事情逐渐复杂起来，身心的需要也逐渐增加了，于是社会上有了发明和研究，工商业日益繁荣，

学术的发展也越来越多样化了，因此不能再满足于往日的简单状况。于是，战斗、政治、古学和诗歌等，只不过是人事中的一个项目，而丧失了独霸的权威。最后，千百种事业同时并举，互相竞争，形成彼此势均力敌的状态，互相影响互相推动，使人的品德进步到高尚的境界。直到这个时候，智力才跃居上位，文明才有了显著进步。人类的活动越单纯，用心也就越专，用心越专，而权力也就不能不偏于一隅。在古代，由于事业较单纯，人的才能无处发挥，因而它的力量只局限于一隅。但是，日积月累，恰如单纯的环境变成了复杂的世界，给身心开辟了新的活动场所。现在西洋各国，可以说正是如此复杂的世界。所以促进文明的要领，在于尽量使各种事务繁忙起来，各种需要不断增多，不问事物的轻重大小，多多益善，从而使精神的活动日益活跃起来。这样只要无碍于人的天性，各种事物就必然会日趋繁荣，各种需要也必定日见增长，这从世界古今各种实际经验上可以得到证明。因为人的天性自然趋向于文明，这样决不是偶然的，也可以说这是造物的本意。

从这个议论来推想，还可以发现一个事实，就是中国文明和日本文明的同异问题。所谓纯粹的专制政府或神权政府，是把君主尊贵的道理完全归之于天与，把至尊的地位和最高的权力合而为一，以统治人民，并且深入人心，左右着人心的方向。所以，在这种政治统治下的人民的思想趋向必然偏执，胸怀狭窄，头脑单纯〔思想不复杂〕。由于这种缘故，社会上一旦发生变故，这种关系稍稍被破坏，不论事体的好坏，其结果，必定导致一种自由风气的产生。在中国周朝末叶，诸侯形成割据之势，数百年间人民不知有周室，此时，天下大乱，独裁专制的权力大为削弱，人心稍有舒缓余地，于是，很自然地产生了自由思想。以后，在中国文明的三千多年间，只有周末才出现过那种百家争鸣、完全相反的主张也能为世人所接受的局面〔老庄杨墨等百家之说繁兴〕。这些就是孔孟所谓的异端。这些学说从孔孟的立场来看，认为是异端，但从异端的立场看来，则孔孟也不免为异端了。现在虽因缺乏古籍无从考证，但是，当时人心的振奋和自由风气之盛，是可以想象的。秦始皇统一天下虽有焚书的暴举，但其用意并不是单纯地憎恶孔孟之教，而是想把百家争鸣，所有各种学说，不问孔孟或是杨墨，一律加以禁绝。假使当时只有孔孟之教，秦始皇未必会作出焚书之举。为什么这样说呢？因为后世也有很多暴君，其暴虐并不亚于秦始皇，但都不认为孔孟之教有害，而孔孟之教并不妨碍暴君的作为。那么，秦始皇为什么特别憎恶当时的百家争鸣而加以禁止呢？这是因为当时的众说纷纭，特别妨碍了他的专制。所谓妨碍专制的不是别的，很明显在于百家争鸣必然要产生自由的因素。假如只有一个学说，无论这个学说的性质怎样纯粹善良，也绝不能由此产生自由的风气；自由的风气只有在不同意见的争论之中才能存生。秦始皇杜绝了争论的根源以后，统一天下，从此实行了专制政治，虽然经过多次改朝换代，但人与人之间的关系本质上并未改变，仍然是以至尊的地位与最高的权力集中于一身而支配着社会。因为孔孟之教对这个制度最有利，所以只让它流传后世。有人说，中国虽然是专制政府，但还有改朝换代的变革，而日本却是万世一系，所以，日本人的思想必然是顽固闭塞的。这种说法，只是局限于表面形式，而没有了解事情的真相，假如详细考察事实，就可以发现相反的情况。当然，我们日本，在古代也是以神权政府的意旨统治天下，致

使民智不开，并且完全迷信集中至尊地位和最高权力于一人的传统观念，因而人民的思想也是偏执的，这些情况基本上和中国人没有什么区别。然而，到了中古武人执政时代，逐渐打破了社会的结构，形成了至尊未必至强，至强未必至尊的情况，在人的心目中开始认识到至尊和至强的区别，恰如胸中容纳两种东西而任其自由活动一般。既然允许这两种东西自由活动，其中就不能不夹杂着另外一些道理。这样，尊崇神政的思想、武力压制的思想和两者夹杂着的道理，三种思想虽有强弱之分，但是任何一种思想都不能垄断，既然不能垄断，这时自然要产生一种自由的风气。这与中国人拥戴绝对的专制君主，深信君主为至尊至强的传统观念相比，是迥然不同的。在这一点上，中国人的思想是贫困的，日本人的思想是丰富的，中国人是单纯的，日本人是复杂的。思想复杂丰富的人，迷信就会消除。在专制神权政府时代，由于天子一遇到日食时就举行辟席以及观天文来卜吉凶等等，人民也就尊崇这种作风，因而愈视君主为神圣，并愈加陷于愚昧。现在的中国就是这种风气，而我日本则不然。日本人民愚昧迷信的程度固然不能算不甚，然而这种迷信是出于本身，受神权政府的遗毒影响则较少。例如，在武人执政时代，日食时，天子也许还是举行辟席，也许还观察天文和举行祭祀天地等仪式，但是，至尊的天子既然没有至强的权力，因之人民就把它置之度外而不加重视。再如至强的将军，他的权威十分强大足以压服一世，但在人民的心目中，并不像拥戴至尊的天威那样，而是自然地把他看做凡人。这样，至尊和至强的两种思想取得平衡，于是在这两种思想当中便留下了思考的余地，为真理的活动开辟了道路，这不能不说是我们日本的偶然幸运。在今日的情势下，固然我们不希望恢复武人执政，但是，假使在幕府执政的七百年间，王室掌握着将军的武力，或幕府得到王室的尊位，而集中至尊和至强于一身，并且控制着人们身心，则绝不会有今日的日本。时至今日，如果仍以皇学家们所谓的祭政一体的原则来统治社会，那么，也不会有后日的日本。正因为今天不是这种情形，所以应该说这是日本人民之幸。所以，中国是一个把专制神权政府传之于万世的国家，日本则是在神权政府的基础上配合以武力的国家。中国是一个因素，日本则包括两个因素。如果从这个问题来讨论文明的先后，那么，中国如果不经过一番变革就不可能达到日本这样的程度。在汲取西洋文明方面，可以说，日本是比中国容易的。

在前一段中谈过，某些人曾说到汲取西洋文明时应根据本国国体斟酌取舍。本章的目的虽然不是要讨论国体，而在讨论汲取外国文明问题时，首先使人们感到阻碍的，似乎就是国体论，甚至于有人认为国体和文明似乎是不相容的。而对于这个问题，理论家们很多人避而不谈。这恰如作战时未经交锋就各自后退一样，无论如何看不出和战的究竟。更看不到阐明了道理以后，根本用不着交锋，而唯有和合的一途。有什么理由舍而不谈呢？所以我才以冗长的篇幅来答辩他们的论点。第一，所谓国体是指什么呢？姑且不谈社会上一般的讲法，先就我所知道的来说。“体”就是集体的意思，或者是体制的意思，也就是，把物体集合起来成为一体并与其他物体相区别的意思。所以国体，就是指同一种族的人民在一起同安乐共患难，而与外国人形成彼此的区别；本国人的互相照顾，比对待外国人要笃厚；本国人互相帮助比对外国人尽力；在

一个政府之下，自己支配自己的命运，不受外国政府的干涉，祸福都由自己承担而能独立自主。西洋人所谓"Nationality"就是这个意思。世界上的一切国家，各有其国体。中国有中国的国体，印度有印度的国体，西洋各国也都各有一定的国体，并且对于这个国体没有不尽力加以保护的。国体的由来，有由于人种相同的，有由于信仰相同的，或由于语言，或由于地理，情况各不相同。但其最主要的因素是，同一种族的人民经过共同的社会历史沿革，有着共同的传统观念。偶尔也有不受上述条件的限制而构成国体的。例如瑞士，虽然国内各州，在人种、语言和信仰上有所不同，却也能构成坚固的国体。但如果上述条件相同，则人民之间的感情将更融洽。例如日耳曼民族的各国，虽然各有其独立的体制，但由于有着相同的语言文化和共同的传统观念，所以直到今天，日耳曼民族还是维护着日耳曼联邦的国体，而与其他国家有所不同。

国体在一个国家里未必始终如一，而是可能有很大变化的。或合并，或分离，或扩大，或缩小，甚至还可能完全消失。因此，判断一国国体的是否存在，不能仅从语言、信仰等条件的存亡来衡量。因为，即使语言、信仰还存在，而人民丧失政权，受到了外国人的统治，这就是国体的灭亡。例如英国与苏格兰合并为一个政府，这是国体的合并，双方皆无所失；荷兰和比利时分为两个政府，这是国体的分裂，而不是被外国人所征服。中国宋朝末年，宋的天下被元夺去，这是国体的丧失，也是华夏的初次灭亡。后来明又推翻元朝，光复了故国，完成了大明的统一。这可以说是恢复了华夏的本来面目。可是到了明末，政权被满清夺取，以致华夏的国体再度丧失，而变成了满清的天下。直至今日，汉族人民虽依旧保存着共同的语言风俗，并且其中也有人身为清廷的高官，从外表上看，清和明好像是合而为一，实际上华夏已被北方的满族所侵占，南方的汉族已经丧失了国体。又如印度被英国所征服，美洲土人被白种人所驱逐，这都是丧失国体最鲜明的例子。总而言之，国体的存亡，只在于这个国家的人民是否丧失了政权。

第二，对于国家，有用“Political Legitimation”这两个字来形容的，前者是政治的意思，后者是正统或嫡系的意思，现在暂译作“政统”，也就是在国内所施行的而为人民所普遍承认的政治的正统。由于世界各国的国情和时代的不同，政统也就有所不同，有以君主立宪为政统的，有以封建割据为政统的，有以国民议会为政统的，也有以寺院政治为政统的。为什么有这种政统呢？这就是因为在这些学说最初取得政权一半总是要依靠武力，但是一旦取得政权之后，就不需要再显示威力了，不但如此，而且，以武力得天下这句话，也成为当权者的禁语，是他们所最忌讳的。无论任何政府，如果问它取得政权的原因，一定回答说，我所以取得政权，是因为我掌握了真理。及其统治日久，随着时间推移，任何政府没有不是逐渐放弃武力，依靠真理的。厌恶武力和爱好真理，本是人类的天性，所以人们看到政府的措施合理，便欣然喜悦，时间越久，就越认为这是正统，忘古而慕今，以致对于当代的一切事物便不感觉有什么不合理之处了。这就是所谓“政统”的由来。政统的变革，多半是由战争造成的。在中国，秦始皇废封建置郡县，欧洲由于罗马的衰落，遭受北方野蛮民族的蹂躏，终于形成封建割据的局面，这些都属于此例。但后来，由于人类文化不断进步，学者的理论权威逐渐提高，同时又对国家情况有利，偶尔也有不用武力而获得和平

变革的。例如英国，若以今日的政治与 18 世纪初期相比较，真有天壤之别，前后恍若两个国家的政治。英国由于政权问题而发生内乱，只是在 17 世纪后半这个时期。自从 1688 年威廉三世即位以后，英国从未因政权问题而发生内乱，在国内动用干戈。所以，英国的政统在一百六七十年之间虽然有很大的变革，但却没有用过武力，而是在不知不觉之中改变过来，从前的人们就认为从前的政治是正统，以后的人们就认为以后的政治是正统了。在未开化的时代，也有不用武力而改变政统的情形。例如，在古代的法国，查理曼朝的君主，名义上虽称臣于法王，实际上却掌握着一国的大权；又如在日本，藤原氏之对于皇室，北条氏之对于源氏，也都属于此例。

政统的变革，并不影响国体的存亡。政治的形态，无论如何变化，或经过多少次更迭，只要是由本国人民执政，就于国体无损。例如荷兰过去曾经是共和政体，但现在却实行着君主立宪政体；又如法国，在近百年之间，政治形态改变十余次，但其国体依然不变。正如前段所述，维护国体的最低的条件，只在于不让外国人夺去政权。美国规定总统必须从在本国出生的人中选出，就是根据本国的政治必须由本国人管理的愿望出发的。

第三，所谓血统，就是西洋语言的“reign”，就是君主父子相传血缘不绝的意思。世界各国各有不同的惯例，因而继承国君的血统，有的只限于男子，有的男女均可，有的继承法规定，并不限于父子，无子可立兄弟，无兄弟可从亲属中选其最亲近者。在实行君主政治的西洋各国，极其重视血统，所以在历史上，由于争执血统继承的问题，往往引起了战争。有时甲国君主死后无子嗣，恰好乙国国君又是其近亲，于是便兼任甲乙两国的君主而形成两国一君。欧洲有这种习惯，中国、日本尚无此例。虽然两国共戴一君，但丝毫不影响两国的国体和政统。

如上所述，国体、政统和血统，都是各不相干的东西，有时血统不变，而政统改变了。例如英国的政治变革，法国查理曼朝均属此例。也有政统虽改而国体不变的，世界各国例子甚多。还有不改血统而改变国体的，例如，英国人和荷兰人占据亚洲各地，虽然仍旧保留原来的酋长，但却以英荷的政权统治着当地的土人，同时也控制了酋长。

日本自有史以来，从未改变过国体，皇祚世代相传从未间断，但政统却经常发生极大的变革，最初是国君亲自执政，以后则有外戚专权，或是权柄转移到将军的幕府，或落于陪臣之手，或又归于将军之门，逐渐形成封建割据的局面，直至庆应末年。政权离开王室以后，天子只是徒拥虚位而已。山阳外史评北条氏说："视万乘之尊如孤豚"，这句话十分中肯。政统如此变革，为什么还没丧失国体呢？这是因为掌握日本政治的是语言风俗相同的日本人，丝毫没让外国人干预过日本的政权。

然而，这里有个问题使我百思莫解，这就是社会舆论专门注意血统一方面，似乎把国体和血统混淆起来了，因此就产生了重视这一方面而忽视另一方面的弊病。本来我国的皇统是和国体共同绵延到现在的，这是世界上绝无仅有的例子，这也可以叫做一种国体。但是如果推究事理严格来说，皇统绵延只是未丧失国体的一种象征。用人的身体作比喻，国体犹如身体，皇统犹如眼睛。看到人的目光可以知道人的身体未死，但是为了保护身体的健康，不应该只注意眼睛而不顾及全身。如果全身的元气衰弱，眼睛自然会失去光彩。或者甚至全身既死，已无生机，只因他还睁着眼睛，竟有人误认为他还活着的情形也不是没有的。英国人统治东亚各国的手段，有不少正是杀其身而存其眼睛的。

据历史记载，保持血统的绵延并非难事。从北条时代起一直到南北朝的情况就是一个明证。在那个时代，虽然也曾争论过血统的正逆问题，但事情早已成为过去，今天没有再究其正逆的必要了。正逆问题只是一时的争论，在后人来说，两者均系天子的血统，只要血统未断，就于愿已足了。所以，血统的正逆，在当时虽然是件大事，但若把时代撇开，以现代的眼光，回顾往事，只偏重血统的绵延，而不讲求绵延的方法，那就无所谓忠与不忠，义与不义，而楠木正成与足利尊氏也就难以区别了。然而分析当时的情况，楠氏不仅是争血统，而且是争政统，想把天下的政权归还于天子，是先攻其难而后取其易的。保持血统和保持政权孰难孰易，由此可见。

据日本古今的一般论调，都自诩是金瓯无缺，冠绝万邦，大有洋洋得意之概。所谓冠绝万邦，只是为皇统绵延而自豪么？皇统绵延并非难事，即使北条、足利等叛臣，尚且保持了血统的绵延。是否由于政统冠绝万邦呢？我国的政统，自古至今迭次变革，情况与外国相同，没有什么值得夸耀。那么所谓金瓯无缺，究竟是指什么呢？只是在于从开国以来，能保全国体，政权从未落入外人之手这一点而已。所以应该说，国体是国家的根本，政统和血统，只是随着国体的盛衰而共同盛衰。中古时代，王室虽曾失去政权和发生过血统的正逆之争，但这些问题正因为发生在金瓯无缺的日本，今天方能扬扬自得。假如在从前，让俄国人或英国人作出源赖朝那样的事，纵然皇统绵延，作为一个日本人，也绝不会有得意之色。幸而镰仓时代还没有俄国人和英国人，但是今天，他们确已集聚在日本的周围，时势的演变，真是值得注意。

日本人当前的唯一任务就是保卫国体。保卫国体就是不丧失国家的政权。为此，必须提高人民的智力。提高智力的办法固然很多，但是，首先在于摆脱旧习的迷惑，汲取西洋的文明精神。不扫除阴阳五行的迷信，就个能踏上科学研究的大道。人事也是如此，不打破陋习的束缚，就难以改进人与人的关系。果真能从迷信陋习中摆脱出来，而进入心智开朗的境地，发挥全国人民的智慧来维护国家主权，以奠定国体的基础，还有什么可惧的呢？至于维持皇统的绵延则更是最容易的事，试问天下的士人，除忠义之外就没有其他愿望了吗？忠义固然不是坏事，可是要尽忠就该尽大忠。想保持皇统的绵延，就该为皇统的绵延增光。国体不巩固，血统就不会有光彩。正如前举的比喻，全身没有生机，眼睛必然失去光辉。知道眼睛可贵，就必须注意全身的健康，只用眼药，是不可能保持眼睛的光明的。由此看来，唯有汲取西洋文明才能巩固我国国体，为我皇统增光，这又何必踌躇呢？应该坚决汲取西洋文明。

上面已经谈到要摆脱对于旧习的迷惑。迷惑这个词应用范围极广，关于世上事物有各式各样的迷惑，现在我想先从政府方面讨论这个问题，即就政府的“实威”和“虚威”的区别来加以说明。在讨论事物的利害的时候，若不先决定其目的，就很难下结论。房屋是用来遮蔽雨露，衣服是用来防御风寒。人间万事莫不有其目的。但是，积习日深，便往往忘却事物的实际效用，只知重视事物本身而不知重视它的实际效用。所以只顾装修，粉饰，或爱好、眷恋，甚至于不管有无其他害处，一味地喜爱。这就是迷惑，也是世上所以产生虚饰的根源。譬如，日本的战国时代，武士都佩带双刀，这原是因为当时法律不可靠，人们用以自卫的。可是积习日深，到了太平盛世，仍不废弃佩刀这个习惯。不但如此，反而更加重视起来，甚至有人倾家荡产，装饰双刀，凡是属于士族的，不论老少，没有不佩刀的。那么，其实际效用是怎样呢？有的只是在刀的外部镶嵌金银，而鞘里插着的却只是细窄的钝刀，并且带刀人十有八九不懂剑术。佩刀既然有害无益，那么为什么废除这个习惯还要引起不满呢？这是因为世人都忘却了双刀的实际效用，而养成了只重其物的习惯的缘故。这种习惯就是迷惑。如果向现在太平盛世的士族质问带刀的目的，他只能借口说，这是传统习惯，或者说这是士族的标志，除此之外绝不会有更明确的解答。也没有谁能圆满答复这个质问，讲出带刀的实际效用来。既然说这是习惯或是标志，那就大可把它废除。如果还有不可废除的实际效用，就应改变方式只取其有用之处。无论找出任何借口，也不能说明带刀是士族的天性。至于政府也是如此。世界各国无论什么地方，在最初成立政府建立国家体制时，都是为了保持国家政权，维护国体。为了维护政权，当然不能没有权威，这种权威叫作“政府的实威”。而政府的作用就是要贯彻这种实威。原始时代，人民昧于事理，只知畏惧表面事物，从而统御人民的方法，也不能不根据这种情况而使用道理以外的威力。这种威力叫做“政府的虚威”。当然，这种虚威是为了维系当时人心不得已而为之的一种权术。不过站在人民的立场来说，当时人类还是刚刚摆脱了同类相残的禽兽世界；初步学会了顺从，所以这种办法还是无可厚非的。然而，从人类的天性来看，掌权的人，一般的通病，是陶醉于权威以致恣意胡为。这好比嗜酒的人，每饮必醉，醉后更加嗜酒，结果好像酒能使人饮酒一般，那些大权在握的人，一旦用虚威取得权柄之后，就乘其虚威进一步展其虚威，似乎虚威使人更无限制地逞虚威。这样积习日深，终于以虚威建立政府的体制，然后又把这个体制加以种种修饰，修饰愈多，愈能迷惑人的耳目，反而忽略了实际的功用，只看到修饰的外形，就认为是金玉而加以眷恋和爱护，而对其他的利害得失却置之不顾。同时还要把君主和人民当作不同类而强行加以区别，制定出一套官阶、服饰、文字、语言等尊卑的体制，周唐的礼仪就是这些东西。还有人发出无稽之谈，说君主是受命于天，或者说其祖先曾登灵山会见天神，或说梦兆或说神托，如此荒唐而恬然不以为怪，所谓神权政府的由来就是如此。这可以说是完全忘了政府必须拥有实威的意义，而迷醉于不应有的虚威的荒诞的行径。虚实的区别正在于此。

这种荒诞无稽的事，在上古荒诞时代，固然还不失为一时的权术，但是，随着人智渐开，就不应该再用这种权术了。在如今的文明世界里，纵然衣冠华丽，衙署巍巍，又怎能炫耀人的目光呢？唯有招识者的哂笑而已。即使对文明毫无认识，只要见闻过文明事物的人，他们的见識自然会有所提高，所以，绝不可用荒诞的事物来加以强制。统治人民的方法，唯有根据道理，制定法律，然后用政治法律的实威，使他们遵守。今天，如果发生七年大旱，即使筑坛祈雨，人们也都知道雨不是可以求得的。尽管国君亲自祈祷五谷丰收，也不能动摇科学的定律。依靠人们的祈祷是不能增产一粒粮食的，这个道理，小学生也都明白。古时虽有过投剑于海而潮退的传说，但今天人人都知道海潮的涨退有一定的时刻。古时人们看见紫云叆叇就认为将有英雄出现，但在今天，谁都知道英雄不能求之于云间，这绝不是由于古今事物的道理不同，而是由于古今人类智慧的程度不同。人民的品质逐步提高，全国的智力增长，政治上取得了实际的权威，这对国家来说，岂不是值得庆幸的吗？然而，如今竟弃实而就虚，一味粉饰外形，反而增加人们的愚昧，那真是执迷不悟到了极点。如果非主张虚威不可，那就只有设法使人民退回到原始时代的愚昧状态。如果人民退回到愚昧状态，则政治力量势必逐渐衰弱。政治力量衰弱，则国家不能成其为国家了。国家既然不能成为国家，还有什么国体可言。这是欲保护国体，反而戕害了国体，应该说是本末倒置。譬如，在英国，假使继承其先王遗志，仍旧保持君主专制的旧制，恐怕王统早已灭绝了。其所以没有灭绝，就是因为减少了王室的虚威而解放了民权，增加了全国政治的实力，结果使王位也随着国力的加强而巩固起来，这可以说是维护王室的最上策。总之，国体并不因文明而受到损害，实际上正是依赖文明而愈益提高。

不论世界上任何国家的人民，凡是迷惑于旧习的，一定喜欢夸耀他们的历史如何古老悠久，历史越久，就越加珍视，恰如古玩家珍爱古董一般。在印度历史上有这样一个传说：印度的第一个国王叫作普拉萨麻·拉加，是一位圣明的君主，这位国王即位时，已是二百万岁，在位六百三十万年后传位于王子，又经过十万年他才逝世。又说，印度有一部称为《摩奴》的经典。〔按古印度的传说：这部经典是造化神梵天（Brahma）之子摩奴所传授的，因而得名。

公元1794年英人琼斯把它译成英文。这部经典的内容虽然巧妙地记述了神道专制之说，但在修德方面却非常严正，立论也很高超，其内容有很多地方与耶稣教义相符合。不仅教义如此，文章也相类似。例如《摩奴》里说：待人须要怜悯，不可使人牢骚不满；不可用实际行动去害人；不可存心去害人；不可骂人；被人骂时要忍耐；别人对我发怒时，我不要用愤怒去回答等等。另外，基督教圣咏作者的诗篇与《摩奴》的经文，更有字字相似的，如在圣咏作者的诗篇里说："愚人认为没有神"，而《摩奴》的经文里说："恶人认为谁也不看他，但是，神是看得很清楚的，并且也知道他心里想的是什么"。这些，都是很相似的。以上录自布兰德的《韵府》。〕据说这部经典传授到人间大约是在二十亿年以前，可以说是最古老的东西。印度人在遵守这部宝贵的经典和保存着这种古老的国风，在高枕安卧之际，政权竟被英人夺去，神圣的国家竟变成了英国的俎上之肉，普拉薩麻·拉加的子孙也变成了英国人的奴隶。他们夸耀的所谓六百万年或二十亿年与天地比寿的悠久历史，也不过是些毫无根据的自我夸张，实际上这部经典的来历，只不过三千年。暂且不管他们的夸张，假如有人对于印度夸耀六百万年的历史，说非洲的历史已经有七百万年，对于印度夸耀二十亿年的历史，有人说我们已经有三十亿年的历史时，印度人就只好闭口无言了。如此夸张简直是儿戏。还有一句话也足以驳倒印度的自诩，那就是宇宙之大是永恒无穷的，区区典籍又怎能与天地争短长呢？造化的一瞬间就是世上的亿万年，二十亿年的岁月只不过是这一瞬间的一小部分而已。对于这一小部分的时刻，作无益的争论，却把文明大计置于脑后，这岂不是不知轻重的人，假使印度人听到这句话，

又将沉默无言了。所以，世上的事物，并非因为陈旧古老就有价值。

如上所述，我国的皇统是和国体相依为命绵延至今的，这是世界上绝无仅有的，也可以就是一种君国并立的国体。即使把这个“并立”叫作一种国体，但是也决不可就这样保守下去，甚至倒退，而是应该加以运用使之前进。如果运用适宜，在某种情况下，却可以收到很大的成效。因此，君国并立的可贵，并不在于自古它就为我国所固有而可贵，而是因为有了它而维持了我国的政权和促进了我国的文明。这并不是物的可贵，而是它的作用可贵。犹如房屋，并不是以它的形状为可贵，而是以它具有遮防雨露的效用而可贵。如果因为这是祖先传留下来的建筑形式，而只重视房屋的外表形状，那么用纸糊制房屋也未尝不可。所以，君国并立的国体，如果有不适合于文明的地方，其原因必定是由于习惯日久而产生虚饰迷惑所造成的。如果能去其虚饰迷惑而存其实际效用，逐渐改革政治的面貌，则国体、政统和血统三者才不致互相抵触，而与现代的文明长期共存。譬如，现在的俄国，如果今天改革政治，明天就效仿英国的自由风尚，这不仅实际上行不通，而且立刻会招致国家的大祸。为什么这样说呢？因为俄英两国文明进步的程度不同，人民的智愚互异，现在的俄国，实行现在的政治，正适合于它的文明程度。但是，如果让俄国永久墨守旧制，不顾文明的得失，一味遵奉固有的政治，也不是我的意思。我的意思也只是要详察文明的进展，文明前进一步，政治也随着前进一步，使文明和政治步调一致。关于这一点在第三章末段，有所论述，可供参考。〔书中或称西洋或称欧洲，其义相同。记述地理时，欧洲和美洲有所区

别，讨论文明时，因为美洲的文明也是来自欧洲，所以所谓欧洲文明也就是指欧洲式的文明。所谓西洋也与此义相同。〕

第三章　论文明的涵义

继续前章的论述，现在应该谈到西洋文明的来历，但是在讨论这些之前，首先必须明确文明究竟是什么？文明之为物，是极难形容的，不仅如此，甚至连文明的是非问题在舆论界还争论不休。引起争论的原因，是由于文明的涵义，既可以作广义讲，又可以作狭义解释。若按狭义来说，就是单纯地以人力增加人类的物质需要或增多衣食住的外表装饰。若按广义解释，那就不仅在于追求衣食住的享受，而且要砺智修德，把人类提高到高尚的境界。如果学者能从其涵义的广狭上着眼，就无须乎喋喋争辩了。

文明是一个相对的词，其范围之大是无边无际的，因此只能说它是摆脱野蛮状态而逐步前进的东西。交际活动本来是人类的天性，如果与世隔绝就不能产生才智。只是家族相聚，还不能算是人与人之间的交际，所以只有在社会上互相往来人与人互相接触，才能扩大这种交往。交际越广，法律也就越完备，从而，感情就越和睦，见闻也就越广阔。文明一词英语叫作“Civilization”，来自拉丁语的“Civilidas”，即国家的意思。所以“文明”这个词，是表示人类交际活动逐渐改进的意思，它和野蛮无法的孤立完全相反，是形成一个国家体制的意思。

文明之为物，至大至重，社会上的一切事物，无一不是以文明为目标的。无论是制度、文学、商业、工业、战争、政法等等，若将它总括地互相比较时，用什么作标准来衡量其利害得失呢？能促进文明的就是利就是得；反之，使文明退步的就是害就是失。文明恰似一个大剧场，而制度、文学、商业等等犹如演员，这些演员如能表演一出卓越的技艺，并能切合剧情，惟妙惟肖，而使观众满意的叫作优秀的演员；反之，进退失度，言语失节，笑既不逼真，哭又没有感情，影响戏剧结构破坏剧情的叫做笨拙的演员。或者哭笑虽然逼真，但若弄错地点和时间，当哭而笑，当笑而哭的，也是演技拙笨的演员。文明恰似海洋，制度、文学等等犹如河流。流入海洋水量多的叫作大河，流入少的叫做小河。文明恰似仓库，人类的衣食、谋生的资本、蓬勃的生命力，无一不包罗在这个仓库里。社会上的一切事物，可能有使人厌恶的东西，但如果它对文明有益，就可以不必追究了。譬如，内乱或者独裁暴政，只要能促使文明进步，等它的功效显著地表现出来时，人们就会把它往日的丑恶忘掉一半而不再去责难了。这种情形，正如出钱买物，价格虽然很高，但是用来颇感方便或得到很大好处时，就会把往日的吃亏忘掉一半。这原是人之常情。

现在列举几个问题，来说明文明的所在。

第一，这里有一群人民。表面上安乐自在，租税轻徭役少，司法也还公正，惩罚坏人也有办法，一般说来，对人民衣食住处置得宜，本来是无可厚非的。但是，这里只有衣食住的享受，没有智德发展的自由，把人民当作牛羊来牧养，仅关心其饥寒。这样的社会，不仅是从上而下的压制，而且是从四面八方同时压挤，从前“松前”[1]之对待“虾夷”民族，就是如此。这能说是文明开化吗？在这种人民当中，能看到智德的进步吗？不能。

第二，这里又有一群人民。表面上虽不及前一种人民那样安乐，但还没有达到不能忍受的程度。生活享受虽少，但发挥智德的道路并没有完全堵塞，人民也有主张高尚学说的，道德信仰还算进步。但是，这里并不存在真正的自由，一切事物都要妨碍自由。人民虽然也可能获得智德，但其获得的情形，正如贫民获得救济的衣食一般，并不是靠自己的力量获得的，而是仰赖于他人。人民也可能寻求真理，但是他并不能为自己寻求而是为别人寻求。如亚洲各国的人民，由于遭受神权政府的束缚，已经丧失了蓬勃的气象，而陷于愚蠢卑屈的深渊，这种情况，能就是文明开化吗？在这种人民当中，能看到文明进步的迹象吗？不能。

第三，这里又有一群人民。生活情况虽然自由自在，但是一切毫无秩序，也毫无权利平等的气氛，大欺小，强凌弱，只凭暴力支配整个社会。例如，昔日欧洲的情形就是如此。这能叫做文明开化吗？文明的种子虽然在这里开始萌芽，但这种情况依然不能叫做文明。

第四，这里又有一群人民。人人都有自由，不受任何限制，人人可以各尽所能，也没有大小强弱之分，他们欲行则行，欲止则止，各人的权利义务一律平等；然而，这些人民尚未懂得人间社会的意义，每人都把他的力量，用于个人身上，不能为全体的共同利益服

[1] 北海道南端的地名，文化 4 年（1807 年），江户幕府曾在此处设置过，“松前奉行”衙门。——译者

务，不知国家为何物，也不理解交际为何事，世世代代，有生有死，出生时的情况和死去时的情况没有什么不同，虽然经过若干世代，在这块土地上仍看不到人类蓬勃发展的迹象。例如现在的所谓野蛮人就是如此。虽然自由平等的风气很浓厚，但是这能够说是文明开化么？不能。

从以上四个例子来看，没有一个能称得起是文明的。那么，怎样才能叫作文明呢？所谓文明是指人的身体安乐，道德高尚；或者指衣食富足，品质高贵而说的。但是，仅以身体的安乐就能叫做文明吗？不是的，人生的目的，不是单为衣食，若仅以衣食为目的，人就与蚂蚁或蜜蜂无异了，这不能算是合乎大地自然。或者仅以道德高尚就能叫做文明吗？也不是，如果这样，天下人都将成为贫居陋巷箪食瓢饮的颜回了，同时这也并非天命。所以，如果不能使人的身心各得其所，就不能谓之文明。而且人的安乐是没有限度的，人的道德品质也是没有止境的。所谓安乐，所谓高尚，是指正在发展变动中的情况而言，所以，文明就是指人的安乐和精神的进步。但是，人的安乐和精神进步是依靠人的智德而取得的。因此，归根结蒂，文明可以说是人类智德的进步。

前面说过，文明是至大至重，而且是包罗人间一切事物，其范围之广是无边无际，并且不断在向前发展着。人们如果不明白这个道理，往往就要发生很大错误。比如有些人说：既然文明是人的智德的表现，可是现在西洋各国人，却有很多不道德的行为，既有用欺诈办法营商的，又有用威吓手段谋利的，这能叫作有道德的人民吗？又如号称最文明的英国，在其统治下的爱尔兰人民，不谙生活之道，一年到头只吃马铃薯过活，这能叫作有智慧的人民吗？由此看来,文明未必是和智德联系在一起的云云。可是,说这种话的人,认为目前的世界文明已经登峰造极,而不了解文明是指正在不断前进的过程。今天的文明还没达到路程的一半,岂能遽然要求它尽善尽美?像这种无智无德的人就是文明社会的疾病。所以对现代社会,要求文明登峰造极,犹如在社会上寻求一个十足健康的人一样。世界人口虽多,但是能够找到一个身无疾患,从生到死不得一点疾病的人吗?绝不可能的。从病理上来说,一般人纵然似乎很健康,充其量只能说是带病的健康,国家也像人一样,纵然称为文明,也绝不会毫无缺点的。

又有人说,既然文明是至大至重的,社会上任何事物都阻挡不住它。然而,文明的本义,不是在于上下权利平等吗?试看西洋各国文明的情况,改革的第一步,首先是推翻贵族。如英法及其他国家的历史就是这样,近者如我们日本,也是同样地实行了废藩置县,士族失去了特权,贵族也丧失了威风,文明的意思可能就是如此。若从这个道理去推论,文明国家似乎是不应该拥戴君主,是不是这样呢?我的回答是:这完全是用一只眼观天下事的说法。文明之为物,不仅既大且重,并且既宏且宽。文明既然至宏至宽,岂能没有容纳国君之地?既可容纳国君,又可保留贵族,何必拘泥这些名称而发生怀疑呢?基佐氏的“文明史”讲道:“君主政治,既可以在国民等级之区分极其严格的印度施行;又可以在人民权利平等,完全没有上下等级之分的国家施行,同时还可以在专制压迫的国家施行,而且也可以在开化自由的国度施行。君主恰如一个珍奇的头,政治风俗就好像躯体,以同一的头可接于不同的躯体。君王恰似一种珍奇的果实,政治风俗好像树木,同一的果实可结在异种的树木上。”这些话的确不错。世界上任何一个政府，都是为了人民的利益而设的。政府的体制只要对国家的文明有利，君主也好，共和也好，不应拘泥名义如何，而应求其实际。有史以来，世界各国的政府体制，虽然有君主专制、君主立宪、贵族专制、民主制等不同的体制，但是不能单从体制来判断哪种好，哪种不好，最重要的是不使偏于极端。君主未必不好，共和政治也未必都好。如1848年，法国的共和政体，徒具公平之名，实际却极残酷。奥国在法兰西斯二世时代，虽是专制政府，而实际却很宽宏。现今美国的共和政治优于中国政治，但是墨西哥的共和政治则远不及英国的君主政治。所以，奥国和英国的君主政治虽好，但不可因此而推崇中国的君主政治。美国的共和政治虽然值得称赞，但不可法效法国和墨西哥的做法。评论政治应从实际出发，不应徒慕虚名。况且，政府的体制不是千篇一律的，因此，在议论体制时，学者应该高瞻远瞩，不可偏执。古往今来因名而害实的事例是不少的。

在中国和日本，把君臣之伦称为人的天性，认为人有君臣之伦，犹如夫妇父子之伦，并且认为君臣之分，是在前生注定的。就连孔子也没能摆脱这种迷惑，毕生的心愿在于辅佐周朝天子以施政，至于穷途末路，只要诸侯或地方官肯于任用他，便欣然往就为其效忠，总之，他除了依靠统治人民和土地的君主来搞事业以外，就别无他策了。这说明孔子也未能洞悉研究人类天性的道理，而是被当时的社会情况遮住了眼睛，被当时的民风蒙蔽了心思，不知不觉地受到迷惑，主观地断定了立国之道一定要有君臣。儒教关于君臣的论述，达到了炉火纯青的地步。从这一方面来看，不仅没有什么不当，而且好像极尽人事之美。然而君臣的关系，本来是在人出生之后才发生的，所以不能说它是人的本性。天赋的人性是本，人出生之后产生的是末。不能以有关事物之末的高深理论来动摇事物之本。譬如，古人不懂天文学，只知天是动的，就根据地静天动的思想，牵强附会，定出四时循环的算法，其中似乎也有一些道理，可是因为不懂得地球的本性，就极端错误地制造出星宿分野的妄说，连日食和月食的道理也未能理解，以致事实上有很多不合理的地方。原来古人所谓地静天动，只是因为目睹日月星辰似乎在动，于是便根据目睹的现象加以臆测。但实际上地球和其他星球是相对的，以上的情况是因地球旋转而发生的现象。所以地动是本性，而现象只是末的表征。不可误以末的表征而认为是本性，也不能因为天动之说有些道理，就以此排斥地动就。所谓天动的道理绝不是真理，只是由于不研究事物的道理，光看物与物的表面关系，而产生的牵强附会的说法。如果以天动说为真理，那么，从航行中的船上看海岸好像在移动，就说岸是动的船是静的，这岂不是荒谬之极吗？所以要谈论天文，首先应该研究地球为何物，转动情形又如何，然后再弄清楚地球和其他星球的关系，才能论述四时循环的道理。这就是说，先有物而后有伦，并不是先有伦而后有物。切不可以臆断而论物之伦，以其伦而害物之理。君臣之伦也是如此。君与臣的关系就是人与人的关系。这种关系上虽然存在某些道理，但这是因为世上偶然有了君臣以后才产生出来的，所以不能根据这个道理，说君臣的关系是人的本性。如果说这是人的本性，那么世界各国只要有人就必然有君臣之伦，但是事实并不如此。人类社会莫不有父子夫妇，莫不有长幼朋友，这四者是人类天赋的关系，也可以说是人的本性。唯独君臣，在地球上，某些国家就没有这种关系。目前一些实行共和制的国家，就是如此。这些国家虽然没有君臣，但政府与人民之间，各有各的义务，政治情况也极好。孟子曾说："天无二日，民无二王"，但实际上现在已经有无王的国家，而且其国民的情况，有的远远超过唐虞三代之上，这又该作何解释呢？假使孔孟活到今天，将有何面目见这些国家的人民呢？这可以说是圣贤的漏洞。所以主张君主政治的人，首先要分析什么是人性，然后再论君臣之义，这种君臣之义，究竟是胚胎于人性呢，还是在人出生之后，偶然发生了君臣关系，而把这种关系的准则称作君臣之义呢？必须根据事实弄清其先后。如果平心静气地探讨真实情况，一定能发现这个准则完全是出于偶然的原因。既知其为偶然，就不能不衡量这个准则的利弊。对于某种事物如果容许考虑它的利弊，便说明它是可以修正改革的。凡可以修正改革的事物就不是天然的规律，所以，尽管子不能为父，妇不能为夫，父子夫妇的关系难以更改，但是君可以变为臣，例如汤武的放伐就是如此。另外，君臣也可以同起同坐，例如我国的废藩置县，就是如此。由此看来，君主政治，并不是不可以改变的。至于决定改与不改的标准，只在于它对文明是否有利而已。（某西洋学者曾说：不仅在中国、日本有君臣之分，西洋也有 Master 和 Servant 的名称，这就是君臣的意思。但是，西洋的君臣和中国日本的君臣意义不同。因为我们没有相当于 Master 和 Servant 的词汇，所以姑且把它译为君臣，不要拘泥这种字面的意义，我是把古来中国人和日本人印象中的君臣叫作君臣的。譬如，从前在我国杀害主人者处以磔刑，而臣仆被主人杀死则不能申冤。这种主人和臣仆，就是君臣。封建时代的诸侯和藩士的关系，就是君臣关

系的鲜明例子。）

依以上的论述，君主政治是可以变革的，那么，变君主政治为共和政治，这就能认为是达到理想境地了吗？绝对不然。在北美有一群人，在距今二百五十年前，他们的祖先（指“Pilgrim fathers”，共有一百零一人，是在1620年离开英国的）因为在英国受尽残酷的政治压迫，厌恶君臣之义，毅然离开祖国，来到北美，历尽了千辛万苦，为独立自主奠定了基础。这个地方就是马萨诸塞的普立茅斯。它的历史遗迹迄今尚存。后来，有同样心愿的人，接踵而至，从本国携眷迁来的日见增多，他们定居下来开辟了“新英格兰”。此后人口逐渐繁衍，国家财富日益增长，到了1775年，已经占有了十三州的土地，遂脱离本国政府，苦战八年，终于获得胜利，建立了一大独立国家，这就是现在的美利坚合众国。这个国家之所以获得独立，并不是由于这些人民的自私，更不是为了达到某种野心，而是根据公平合理的原则，为了维护人类的权利义务和保全天赋的幸福。由当时的独立宣言就可以知道他们争取独立的目的。何况在1620年12月22日，当这一百零一名先人冒着风雪来到美洲大陆，踏上海岸岩石的时候，怎么会有丝毫自私心呢？正是所谓大公无私，除敬神和爱人以外别无他念。现在我们推测这些人的思想，不消说，他们是非常厌恶暴君和贪官污吏的，他们甚至想要在二百五十年前就从这个世界上把政府这个东西彻底废除。其后在1770年代的独立战争，正是继承了这种精神，并且具体实现了这种精神。战争结束后，决定政体，也是根据这种精神。后来在国内实行的工商业、政令、法律等以及所有人与人的关系，也都是以实现这种精神为目的的。那么，合众国的政治，既然是由独立

的人民竭尽力量按照自己的愿望建立起来的，按理说这个国家的政治应该是完美无缺，真正达到人类美满境界，实现了真正的理想国了。但是，今天的实际情况，完全不是这样。共和政治成了聚集在一起的人群施行的暴政。这个暴政的严酷情况和君主专制的暴政并无二致。所不同的，只是出于一人之手与出于众人之手而已。据说美国的风俗是崇尚简朴的，简朴本来是人间的好事，但是，由于世人喜好简朴，于是就有伪装简朴以欺世盗名的，也有假借简朴以骗人的，犹如乡下人利用其淳朴以欺骗人。再如美国禁止贿赂的法令很严密，但是禁令越严密，贿赂越猖獗，与过去日本禁赌越严，赌风越盛的情况很相似。这类琐事是举不胜举的，现在姑且不谈。舆论认为共和政治公平，那是因为它是以全国人民的意志为施政的方针的，犹如在百万人口的国家，集中百万人的意志以决定国事，所以才说它公平。但是事实上，都大有出入。举例来说，在共和政治制度下，选举议员时有采用投票选举，以其得票多者当选的办法。既然取决于多数，则多一票也是多数，假如把全国人民的投票倾向分为两派，在百万人口的国家，以一派为五十一万人，另一派为四十九万人来进行投票，则当选者必然要偏于一方，即是说四十九万人那一面，从开始就失掉参加议会的机会了。再者，假定这些当选的议员为一百人，在他们出席国会讨论国事时，照例是用投票方式表决，如果是 51 人与 49 人之比，那么事情就不得不取决于 51 票的多数了，所以作出的决议并不是按照全国人民的多数，而是按照多数中的多数来决定的。票数相差极少，因而大致的比例是以全国人口四分之一的意志控制了下余四分之三人口的意志，这不能叫做公平（见穆勒氏《议会政治论》）。此外，关于议会政

治，尚有许多纠缠不清的争论，很难断定其利弊。另外，君主政治有以政府的权威压制人民的弊病，共和政治则有以人民意见干扰政府的缺点，所以政府有时不胜其扰，很可能动用武力，以致引起大祸，因此，不能说唯有共和政治战祸最少。以最近的例子来说，在1861年，由于买卖黑奴引起了纠纷，美国南北分成了两派，上百万的市民突然拿起武器，掀起了空前未有的一场大战，同室操戈，同类相残，混战四年，所损失的生命和财产，不计其数。本来，这次战争的原因，是由于国内的上层人物反对买卖黑奴的恶习，提倡天理人道而引起的争端，这本来是社会上的一件好事，但是，事件一旦爆发，就节外生枝，以致理智和利益，道德和欲望混淆不清，终于失去了本来的意义。如果从具体情况来看，不外乎是这个所谓自由国家的人民在争权夺利，各逞其一己之私而已。这种丑恶情况恰如天堂乐土出现群魔厮斗一样。如果先人地下有知看到这种情况将作何感想！阵亡者在黄泉之下，又将何颜以见先人！又如英国学者穆勒氏所著的《政治经济学原理》中写道："有人说人类的目的唯有进取，为了争夺利益，不惜互相排挤践踏追逐抢先，这种现象对于促进生产发展最为有利。虽然还有人以为追求利益是人类最高的法则，但依我个人的见解，却不敢赞同。在现代世界上，实际情况是这样的国家，就是美利坚合众国。这些白种人的男儿联合起来摆脱了不公平不合理的羁绊，开辟了新世界，那里人烟并非不稠密，财富并非不丰裕，耕地之辽阔绰绰有余，民主自由的权利也已普遍施行，人民简直不知什么是贫穷。虽然有了这样完美的条件，可是从这个国家一般风俗上所表现的实况来看，不禁令人惊讶。全国的男子毕生奔走追逐金元，而全国妇女毕生只顾不断地生育这般追逐金元的男子，这难道是人类生活的崇高理想吗？我是不能相信的。"从穆勒氏以上的话，可见美国风俗的一斑了。

从以上的论述来看，君主政治未必良好，共和政治也未必妥善，不管政治的名义如何，只能是人与人关系上的一个方面，所以不能光看一个方面的体制如何，就判断文明的实质。如果体制不合适也可加以改变，如果不影响大局，也可以不改。人类的目的唯有一个，就是要达到文明。为了达到文明的目的，不能不采取种种措施，因而边试边改，经过千万次试验，才能得到一些进步。所以人的思想不可偏执，必须气量宽宏。世上一切事物，若不经过试验，就没有进步，即使经过试验而顺利进步，也还不能达到进步的顶峰。所以从有史以来直到今天，可以说世界还处于不断试验中。目前各国的政治，依然正处在试验过程，所以不能遽然断定其好坏，这是不消说的。只能把对于文明有较多好处的叫作好政府，较少的甚至有害的叫作坏政府。所以评论政治的好坏，应从衡量它的国民所达到的文明程度来决定。世界上既然没有达到文明顶峰的国家，也就没有尽善尽美的政治。如果文明真的达到了顶峰，那时不论什么样的政府，都等于无用的废物，还有什么体制值得选择的呢？还有什么名义可争论的呢？只因为现今的世界文明，还正在前进的道路上，所以政治也显然处在前进的途中，各国之间前后相差不过几步而已。以英国和墨西哥相比较，英国的文明走在前面，政治也走在前面。美国的风俗虽然不好，但若与中国的文明相比，却略胜一筹，因此美国的政治也就比中国好。所以，君主政治和共和政治，如果说是好，也可以说都好，如果说不好，也可以说都不好，而且政治并不是文明的唯一来源，它是随着文明而进退的。

前面已经讲过，它是和文学、商业等共同构成文明的一部分。所以，文明可以比作鹿，政治如同射手，当然射手不只一人，射法也因人而异，不过他们的目标都是在于射鹿和得鹿。只要能获得鹿，不管立射和坐射，甚至徒手捕获亦无不可。如果专拘泥于一家一派的射法，射箭不能中的，而失去当获之鹿，那就是拙笨的猎户了。

第四章　论一国人民的智德

前章曾说过，文明就是人类智德进步的状态。那么，假若这里有一个智德兼备的人，可否把他叫作文明人呢？是的，可以叫作文明人。但是，他所居住的国家，可否叫作文明国家，这就不一定了。文明不能从个人来论定，应当从全国情况来考察。现在虽称西洋各国为文明国家，称亚洲各国为半开化国家，但若只就两三个人物来评论，西洋也有守旧愚顽的人，亚洲也有智德兼备的英俊之士。然而，说西洋是文明的，亚洲是半开化的，就是因为在西洋，蠢人未能施展其愚顽，亚洲的英俊之士不得发挥其智德。其所以不能施展与发挥的原因是什么呢？这并非由于个人的智愚所致，而是由于受到全国风气束缚的缘故。所以，要想知道一国的文明，就必须首先考察支配这个国家的风气。同时，这个风气，是全国人民智德的反映。这个反映，有进有退，有增有减，进退增减，变动不居，恰如全国机能的动力一般。所以一旦找到这个风气之所在，则全国事物无不了然；而考察和分析其利害得失，则比探囊取物还要容易。

这样，这个风气，不是一个人的风气，而是举国上下的风气，所以若就一件事情来考察，就不可能见闻到，即或有所见闻，也总会参差不齐，仍然不能据以判断事情的真相。譬如，测量一个国家的

山泽，必须测量分布在这个国内的山泽面积，求出总和，然后才可以称之为山国，或称之为泽国，不能因为有极少数的大山大泽，就把它叫作山国或泽国。所以，如果要了解全国人民的风气，进而探讨其智德的情况时，必须从其全体活动所表现于社会上的全般情况进行研究。这种智德，或者也可以不称为人的智德，而叫做国家的智德。所以称为国家的智德，是由于指全国人民的智德的总量而言。既知其总量的多寡，也就不难了解它进退增减的情况和明确它的发展方向了。智德的发展，恰如大风，又似河流。大风从北向南吹，河水从西向东流，如果从高处眺望，它的缓急和方向，可以一目了然。但若退入室内，就好像无风；只看堤边好像水不流动，假如遇到障碍物，水流也可能完全改变方向，变成逆流。但是这种逆流是因为有障碍物而造成的，那么，只看局部的逆流，就很难判断河流的方向了。所以，观察事物，必须高瞻远瞩。例如，经济论里说："致富的基础，在于诚实、努力、节约三个条件"。现在如果以西洋商人与日本商人就经营的情况来加以比较，则日本商人不见得不诚实，也不见得懒惰，而节俭朴素之风，更不是西洋商人所能及的。但从一个国家在商业上的贫富状况来看，日本就远不如西洋各国了。又如，中国自古以来称为礼仪之邦，这句话好像是中国人的自夸，但如无其实，也不会有其名。古代中国，确有礼义君子，而且有不少事情是值得称赞的，就是在今日，仍然有不少这种人物。不过从全国的情况看来，杀人盗窃案件层出不穷，刑法虽极严厉，但犯罪人数并未减少。其人情风俗的卑鄙低贱，可以说彻底暴露了亚洲国家的原形。所以，中国不能叫作礼仪之邦，而只能说是礼义人士所居住的国家。

人的思想动态，可以说是千变万化，朝夕不一，昼夜不同。今日的君子可以变为明日的小人，今年的敌人，也可以变为明年的朋友。变化愈出愈奇，如幻如魔，既不可思议，也无法揣摩。所谓他人之心不可忖度，确是一句真话。即使父子夫妇之间，也不能互相推测对方的心理变化。不但父子夫妇，甚至自己也不能控制自己的思想变化。所谓“今吾非故吾”，就是说明这种情况。这种情形恰如晴雨的不可预测一样。例如在日本古时，有一个叫木下藤吉的，曾偷窃主人六两黄金潜逃，他用这六两黄金作为投靠武门的资本，因而做到了织田信长的部属，后来他渐渐显贵起来，因为仰慕丹羽柴田的名望，遂改名为羽柴秀吉，做了织田信长属下的队长。后来又遇到无数次的事变，有时失败有时成功，他随机应变，终于统一了日本全国，并以丰臣太阁的名义，掌握了全国政权。直到现在，人们提起来，没有不称赞他的丰功伟绩的。但是，当藤吉窃取六两黄金潜逃时，他怎能有统一日本全国的志向呢？况且在他侍奉织田以后，也不过是仰慕丹羽柴田的声望，而改了姓名。当时，其志向的渺小可想而知。所以，以他窃取主人的黄金的窃盗身份来说，未被逮捕已经是万幸了。而他以后又当上了织田信长的队长，这从木下藤吉说来，也是喜出望外的事。后来经过几年的成败浮沉，终于统一了日本全国，这从他改名后的羽柴秀吉说来，仍然是意外的幸运。现在他身为太阁，如果回顾往年窃取六两黄金和在他的平生事业中没有一件不是偶然成功的，一定会产生一种如幻如梦的心情。后来学者在评论丰太阁的时候，总是引用他做了丰太阁以后的言行，来论证他一生的为人，所以造成很大的误解。藤吉也罢，羽柴也罢，丰太阁也罢，都不过是他一生中的一个阶段。

他身为藤吉时有藤吉的思想，身为羽柴时有羽柴的思想，及至身为太閤，自然又有太閤的思想。他的思想动态，可分为始、中、末三个阶段，每个阶段各不相同。如果详细分析，他一生的思想动态可以分成一千个甚至一万个阶段，同样也是千变万化的。古今学者不晓得这个道理，每当评论人物时，总是千篇一律地说，某人幼有大志，某人三岁时出此奇言，某人五岁时有此奇行。有的甚至记述其生前吉兆，或谈论梦兆，来作为某人言行录的一部分。这真可以说是糊涂之至。（在所谓的正史里有这样的记载：丰太閤的母亲梦见太阳入怀而怀孕；后醍醐帝因梦见楠木而得楠氏；又说汉高祖因得龙瑞而生，其貌似龙等等。如果从日本和中国的历史中，列举这种妄诞之说，简直是多得不胜枚举。学者高倡这种怪论，不但欺人，而且自己也迷信这种说法，真是可怜！这是由于无原则的慕古，盲目崇拜古人，所以在人死之后追述他的生前事业时，故意把它说成奇迹，而捏造一套牵强附会的妄说，以耸动后人的视听，这简直是卖卜者流的妄谈。）人由于天赋和教育的不同，其志向自然有高下，志向高的想做高尚的事业，志向低的只想做低微的事情。各人的志向大体上都有一定方向，这是肯定的。但是，这里要讨论的是，有大志的未必能成大业，成大业的也未必从童年时代就能预见日后的成功。即使大体上决定了志向，但是他的意图和事业都是随时变化随时进退，进退变化永无穷尽的。因为乘偶然的时机，也有完成大业的。希望学者不要误解此意。

从以上的论述来看，是否可以认为，人的思想变化无法观察。那么，是否可以说，人的思想活动完全出于偶然而没有任何规律呢？绝对不是这样。研究文明的学者，自有观察这个变化的方法。

如果根据这个方法去寻求，不但可以知道思想的变化确有一定的规律，而且这个规律的明确，就好像看物体的方圆和读刻板上的文字一样，就是想曲解也曲解不了。那么，这个方法究竟是什么呢？这就是把广大群众的思想当作一个整体，长期地广泛地加以比较，然后再去论证它在各种事迹上所表现出来的情况。譬如晴雨，不能以朝晴而预计夕雨，何况在几十日中，怎能预定出有几日晴几日下雨的一定规律呢？这不是人的智慧所能达到的事。但是，若在一年中，平均计算一下晴雨的日数，便可以知道晴天是多于雨天的。并且把这个计算方法从一个地方扩展到一州或一国时，计算晴雨的日数就更精确。如果把这个计算方法扩展到全世界，并且把前数十年和后数十年的晴雨日数都统计一下加以比较，则前后必然一致，连几天之差也不会有的。如果能把这种统计比较扩展到一百年或一千年，其准确性可以达到连一分钟也不差的地步。人的思想动态也是如此。单就一身一家来看，虽不能发现它的规律，但是如果扩展到全国来考察，这个规律的准确性，就像求晴雨的平均日数一样，所得出的比率数是同样精确的。某一国家在某一个时代，它的智德是趋向于某一方面，或者由于某种原因发展到某种程度，或者遇到某种障碍后退到某种程度，好像观察有形物体的进退方向同样一目了然。英国作家勃库尔氏著的《英国文明史》中说："如果把一国人的思想作为一个整体来看，就能令人惊奇地发现它的动态是有一定规律的。例如，犯罪也是人的一种思想活动，若单从一个人身上来看，当然看不出活动的规律，但是，国家的情况如果没有改变，每年的罪犯人数，是不会增减的。例如，杀人犯，多数是由于一时的愤怒所造成的。从个人来说，谁能预先考虑

到要在明年的某月某日杀害某某人呢？然而根据法国的统计，杀人犯的人数不但每年相同，并且连用以杀人的凶器种类，每年也没有差别。更奇怪的是自杀。自杀这件事，本来不是别人可以命令的，也不是别人可以劝说、引诱或强迫的，而是完全出于自愿的，所以，不可能认为自杀的数目会有什么规律。但是，从 1846 年到 1850 年中间，每年伦敦的自杀人数，多则 266 人，少则 213 人，平均 240 人，几乎成了固定的数目。”以上是勃库尔氏的论述。现在再举一个浅显的例子来说明。譬如在商业上，卖主不能强迫买主购买，买与不买的权利完全由买主决定，但是，卖主在进货的时候，由于考察市场的需要情况，所以他就能作到不积压商品。米麦布匹等物不会腐烂即使进货多了一些，也不致立刻受到损失。在暑热的季节采购鱼肉或日本点心的商人，如果早晨购进的东西，当天不能卖出，就会立刻受到全部损失。但是，实际上你如果到东京的糕点铺去买这种点心，你就会知道那里整天在卖的蒸糕，一到傍晚便会售完，从未听到有剩下变坏的。其供应适宜的情况，仿佛卖主和买主预先约定好了。在傍晚去购买点心的人，好像不管自己是否需要，惟恐糕点铺有货卖不完似的。这不是怪事吗？糕点铺的情形是这样，那么，再问问每个住户在一年内究竟吃几次这类点心，在哪个铺子买，买多少，恐怕谁也回答不出来。所以，吃这类点心的人的思想动态，不能只从一个人身上去考察，但若是把全市的人的思想作为一个整体来看，就可以知道想吃这类点心的人的思想动态也有一定规律，并且可以很准确地掌握其动向。

所以，天下的形势，不可只就一事一物加以臆断。必须广泛地观察事物的动态并考察实际上所表现的全般情况，然后彼此加以比较，否则不能明了真实的情况。这种广泛地研究实际情况的方法，西洋人叫作统计学。这个方法，对研究人类的事业和衡量其利害得失，是不可缺少的。据说，近来西洋学者，专用这个方法研究事物，收获很多。把社会上有关土地人口的多寡、物价工资的高低、婚姻、出生、疾病、死亡等数字，都统计出来制成表格，互相加以对照比较，即使是无从探索的社会问题，也可以一目了然。例如，据说在英国，每年结婚的人数，随着食粮价格的升降而有所增减，粮价上升，结婚人数减少，粮价下降结婚人数就增多，从无例外。在日本，还没有编制这种统计表格的人，所以情况还无从知晓。但是婚姻的数字也必然是随着米麦的价格而增减的。男婚女嫁本是人之大伦，所以人们都重视婚姻大事，从不草率从事，当事人双方各有好恶，身份贫富也各有不同，又得听从父母之命，媒妁之言，此外还要考虑种种条件，双方都认为合适之后才能成婚。这不能说不是偶然的巧合了，实际上也真是不期而遇的事情。所以人们把婚姻称为奇缘，甚至有月下老人撮合姻缘的神话，这都是说明婚姻是出于偶然的。但是，从实际来看，绝非出于偶然。既不是由于当事人的心愿，也不是由于父母之命，媒妁虽能巧辩，神灵虽能撮合，但对于社会上一般的婚姻，是无能为力的。所以，能够支配当事人的心愿、父母之命、媒妁之言以及神灵的撮合，并能任意摆布地使婚姻成功或者破裂的只有米价，它是社会上最有决定力量的东西。

按照这个原则研究事物，对于寻求事物动态的原因，将有很大帮助。本来，事物的动态，必定有它的原因，而且这个原因又可分为近因和远因两种，近因易见，远因难辨。近因的种类较多，而远因的种类较少。近因容易混淆视听，而远因一经查明，就确定不移。所以寻求原因的关键，在于从近因逐渐溯及远因。追溯得越远，原因的种类就越减少，并且可以用一种原因解释几种动态。譬如使水沸腾的是柴火，使人呼吸的是空气，所以空气是呼吸的原因，柴火是沸腾的原因。但只查明这个原因，还不能算彻底。原来，木柴所以能燃烧，是由于它本质里的碳和空气里的氧互相化合而发热；人所以能呼吸，是由于吸进了空气里的氧，在肺里和血液中过剩的碳相化合，然后又呼出。所以木柴和空气只是近因，氧才是远因。因此，水的沸腾和人的呼吸，两者的作用既不相同，近因也就不同，所以必须再进一步求得远因的氧，才能把沸腾的作用和呼吸的作用归纳于同一的原因，而定出一个正确的结论。上面所说的关于社会上的婚姻多寡的问题，其近因好像由于当事人的意愿、父母之命、媒妁之言以及其他各种条件都适合而促成的。但是，这些近因不但不能说明其真实情况，反而会引起混乱，迷惑人的耳目。因此，必须舍弃这些近因，进一步寻求其远因，了解到粮食的价格，这才发现制约婚姻数字多寡的真正原因，得出确定不移的规律。

现在再举一例来说明。譬如这里有一个酒徒坠马伤腰，从而患了半身不遂之症。如果要问这个病症究应如何治疗，是否由于是坠马，就要在腰部贴上膏药，完全按照跌打的疗法来治疗呢？如果这样治，他一定是个庸医。本来，坠马只不过是发病的近因，而实际上是由于他多年饮酒不知养生，早已引起了脊髓衰弱，恰在这个病症将要发作时，从马上跌下来震动了全身，因此才突然发作，成了半身不遂之症。所以治疗方法，只有先戒酒，使致病的远因即脊髓的衰弱得以恢复。稍有医学常识的人，都会明了这种病源，治疗也很容易。但是，讨论社会文明的学者，就不然了。他们多是庸医之流，只知迷惑于当前耳目所见闻的现象，而不知寻求事物的远因，不是被这个所迷惑，就是被那个所蒙蔽。像这样的人也要标奇立异，妄想做大事，那简直是盲人骑瞎马等于胡闹。为这种人着想，真是可怜！若为社会着想，也非常可怕。

上面讲过，世界上的文明，既然是普遍赋予于一国人民的智德的反映，因此一个国家的治乱兴衰，也是和国民的智德有关联的，不是区区两三人所能为力的。全国的形势不是凭主观想使它前进就能前进，也不是想使它停留就能停留的。下面再举两三个历史上的事例说明这个道理。本来在讲理论时，引用历史文献，文章冗长难免使读者生厌，但是，根据历史来谈论事理，犹如给小孩吃苦药时掺点糖使他适口些一样。因为初学的人，理解无形的理论比较困难，如果掺些历史事例说明理论，就能帮助他理解得快些。在日本和中国的历史中，自古以来英雄豪杰，得志的极少，多数是以唏嘘叹息，牢骚不平了此一生。后世的学者，也无不为他们的遭遇而落泪。他们说孔子不遇时，孟子也是如此。再如菅原道真之被谪于筑紫，楠木正成战死在凑川等等，这种事例不胜枚举。所以古今把偶有成功于一世的，称之为“千载奇遇”，这正是说明遇时之难。那么，所谓“时”是指什么呢？是否说，周朝诸侯如果能任用孔孟，委托国政，天下必然大治，而没有重用他，这是诸侯的罪过呢？道真的远谪、正成的战死，难道也是藤原氏和后醍醐天皇的罪过吗？如果说“不遇时”就是不合两三个人的“心意”，那么所谓“时”，难道就是由三个人的心意形成的吗？假使周朝诸侯，偶然重用孔孟，后醍醐天皇听从楠氏的献策，果然就能像今日的学者所想象那

样，完成千载一遇的大功而成大业吗？所谓"时"，和两三个人的愿望没有什么差别吗？所谓"不遇时"，就是指英雄豪杰的愿望和人君的愿望互相矛盾的意思吗？依我看来，完全不是这样。孔孟之未被任用，不是周朝诸侯的罪过，而是另有使诸侯不能任用他的原因。楠氏之战死，不是后醍醐天皇不够明智，而是另有使楠氏陷于死地的原因。这个原因是什么呢？就是"时势"，当时人民的"风气"，也就是当时人民普遍赋有的"智德"水平。下面来论证这个问题。天下的形势，就好像轮船的航海，执掌天下大事的人，就好像航海人员。假使这里有一只一千吨的轮船装有五百马力的蒸汽机，如果航速每小时五海里，十天可以航行一千二百海里，这就是轮船的速度。任何航海人员，用任何方法，也不能把这五百马力增加为五百五十马力，也无法把一千二百海里的航程缩短为九天。航海人员的职责，只是在机器正常运转的条件下充分发挥驾驶的作用。假如有两次航行，初次用了十五天，第二次只用十天就到达了目的地，这并不是由于后者的技巧，而是由于前者拙笨，第一次的航海人员妨碍了蒸汽机发挥潜力。人的拙笨是没有限度的，同是驾驶一只轮船，就有用十五天，也有用二十天完成航程的，甚至也有完全不能开动的。但是，人无论怎样机灵，也绝不能使机器发挥出它所没有的能力。社会上的治乱兴衰，也是如此。如想改变大势，仅由二三个执掌国政的人来支配全国人心的趋向，那是绝对不可能的。更何况违背人心强使天下人顺从自己的愿望呢？其困难犹如陆地行舟。古来英雄豪杰成大事业的，并不是用他的智术提高了人民的智德，只不过是没有阻碍人民智德的进步罢了。试看全国的商人，不是夏天卖冰，冬天卖煤吗？这完全是顺应一般人的心理。如果有人在冬天卖冰、夏天卖煤，恐怕没有人不说他是个愚人。可是，唯独英雄豪杰就不然。他们在风雪的严冬想卖冰，如果没人买，就归罪于不买的人，而大发牢骚，这是什么道理呢？真是太没有头脑了。英雄豪杰如果忧虑冰卖不出去，最好是把它贮藏起来，等到夏天再卖，而在等待期间，倒不如努力宣传冰的功用，使人们普遍知道他那里有冰。假使这种东西真正有用，只要时机一到，就不愁没人来买。假使没有真正的功用，从而根本没有可能卖掉的话，就应当坚决地停止这种营业。

在周朝末期，天下人都不满意王室礼法的束缚，随着这种束缚的逐渐松弛，诸侯背叛了天子，大夫挟制了诸侯，甚至陪臣执掌了国家权柄，天下四分五裂。这时，封建贵族互相争霸，没有人仰慕唐虞禅让之风，天下人只知有贵族而不知有庶民。所以，谁能帮助弱小的贵族与强大的贵族相抗衡，就能适应天下的人心，执掌一世的权柄。齐桓晋文的霸业，就是这样。在这个时期唯独孔子主张尧舜的治风，提倡以抽象道德来教化天下的学说，当然实际上是行不通的。从当时的情况来看，孔子的事业远远不如管仲之辈能善于顺应时势。到了孟子的时候，情况就越发困难了。当时的封建贵族，已经逐渐趋于统一，扶弱抑强的霸业已经行不通，而形成了强吞弱，大灭小的兼并局面。当时，苏秦张仪之辈，奔走四方，或助其成，或破其策，忙碌于合纵连横的战争之间，贵族本身尚难自保，哪有余暇去关怀人民，考虑孟子所说的“五亩之宅”呢？他们只顾及全国的力量，以应付战争，谋求君主一己的安全而已。当时即使有圣明君主，听从孟子的主张施行仁政，恐怕也将随着政治的崩溃而危及本身的。例如滕国介于齐楚两大国之间，孟子也无良策，这

就是一个佐证。我绝不是偏袒管仲苏张，摈斥孔孟，只是慨叹这两位大师不识时务，竟想以他们的学问来左右当时的政治，不仅被人嘲笑，而且对后世也无益处。孔孟是一代的伟大学者，是古来罕有的思想家，假若，他们具有真知灼见，摆脱当时的政治羁绊，开辟一个新的局面，讲解人类的本分，确定万世不易的教义，则他们的功德必将无比宏大。然而，他们终身被限制在这个范畴之内，未能迈出一步，因此，他们的主张就自然不成体系，不能成为精湛的理论，大半掺杂了政论，以致贬低了哲学的价值。尊奉孔孟的人，即使是读书万卷，如果不从政，就丝毫没有别的用处，只好私下鸣不平而已。这能说不是卑劣吗？如果这种学说普遍盛行于天下的话，人人都要参加政府成为统治者，那么，在政府下面就没有被统治的人了。他们把人划分为智愚上下，而以智者自居，亟亟于统治愚民，所以参与政治的念头也非常急切。终因求之不可得，反而招来丧家之犬的讥诮，我真为圣人感到可耻！至于要是把他的学说实施于政治上，我认为也有很大的弊病。本来，孔孟的学说，是讲正心修身的伦常道理的，毕竟是讨论抽象的仁义道德的，所以也可以称为伦理学。道德是纯洁的，不应该轻视。对于个人来说，它的功能是极大的。但是，道德只是存在于个人的内部，与有形的外界事物接触并不发生作用。所以，如果在未开化的和人事单纯的社会里，它对维持人民的秩序，是有用的。但是，随着民智的逐渐开化，它的功效必然逐渐丧失。假使现在还想以内在的无形道德，施于外在有形的政治，想用古老的方法处理现代的事务，想用感情来统御人民，这未免太糊涂了！这种不考虑时间和地点的情况，恰似想在陆地行舟，盛夏穿皮裘一般，事实上是根本行不通的。事实证明数千年来一直到今天，从没有过由于遵行孔孟之道而天下大治的事例。所以说，孔孟之未被重用，并不是诸侯之过，而是那个时代的趋势所使然。在后世的政治上，孔孟之道未能实行，并不是因为孔孟之道的错误，而是由于时间和地点不对头。在周末时期，不是适合于孔孟之道的时代；在这个时代，孔孟也不是有所作为的人物；在后世，孔孟之道也未能适用于政治。理论家的学说（哲学）和政治家的事业（政治）是有很大区别的。后世的学者，切不可根据孔孟之道寻求政治途径。关于这个问题，以后本书另有论述。

楠氏的死，也是时势所使然。当时日本王室政权旁落已经很久，即从保元、平治以前，军事大权就完全操在源、平二氏之手，天下的武士没有不隶属于他们的。源赖朝承袭父祖的遗业，起于关东，日本全国没有一人敢和他相抗衡。这是因为全国人民都畏服关东的威力，只知有源氏，而不知有王室的缘故。后来北条氏相继执掌政权，仍能保持镰仓的旧观，也是凭借源氏的余荫。及至北条氏灭亡，足利氏兴起，也是依靠源氏的门阀。北条足利时代，各地的武士虽然曾以“勤王”名义兴兵举事，但其真正目的是想打击关东，以猎取个人功名。假使这些所谓勤王之辈果然得志，必定同样会变成北条第二或足利第二。若为天子着想，不过是前门拒虎，后门进狼罢了。这种情况可从织田、丰臣、德川等的历史事迹得到证明。自从镰仓以来，举事于天下者，没有一人不是打着勤王旗帜的，但在成功之后，又没有一人是实行勤王的。所以勤王，只是作为举事时的一种借口，成功以后并没有成为事实。史书中写道：“后醍醐天皇在灭北条氏以后，首赏足利尊氏之功，并使其位列诸将之上，新田义贞次之，楠正成等真正勤王的功臣，则置于不顾。

致使足利野心得逞，王室再度衰微。”直到如今，学者读到这一段历史，莫不切齿痛恨尊氏的凶恶，叹息天皇的不明智。其实这是不知时势的论调。在当时，天下大权，掌握在武人之手，而武人的根据地又在关东，消灭北条的又是关东的武士，使天皇复辟的也是关东的武士。足利氏是关东的名门，威望一向很高，当时关西的各族虽起义勤王，但是足利氏若不改变态度，天子怎能复辟呢？事成之后，把足利尊氏列为首功，原非天皇有意奖赏足利尊氏的汗马功劳，而是顺应时势不得不敷衍足利氏的威名。从这件事就可以判断当时的形势了。尊氏自始至终没有勤王之意，因为他的权威并不是由于勤王而获得的，乃是足利氏一族固有的权威。他勤王是为了推翻北条，对自己有利。既然推翻了北条，不用勤王名义，也能保全自家的权威，这正是他反复无常和盘踞镰仓长期独立的原因。至于楠木正成就不然了，他出身于河内的一个贫寒家庭，用勤王的名义，仅仅募集了数百士卒，历尽千辛万苦才获得奇功。但他的威望不高，又怎能和关东的名将相比呢？在足利氏看来，他不过等于自己的部属罢了。天皇并非不知正成的功劳，但也不能背谬人心，把他列为首功。所以说，足利是驾御王室的，而楠氏是受王室驾御的。当时的形势如此，这也是无可奈何的事。而且，正成本来是由于勤王二字而起家的。所以，只有天下勤王的风气越盛，正成的威望也就日隆，否则，正成只有衰败下去，这是必然的道理。尤其从首倡勤王的正成不得不甘心隶属于尊氏之下，而天皇对此也是无可奈何的情况，可以想象到当时天下勤王的声势是很微弱的。微弱的原因是什么呢？并不只是由于后醍醐天皇个人的不明智。试看保元平治以来，历代的天皇，不明不德的，举不胜举，即使后世的史家用尽谄谀的笔法，也不能掩饰他们的罪迹。如王室父子相残，兄弟阋墙，或依靠武臣自残骨肉。及至北条时代，情形更为严重，不单陪臣司掌了天子的废立，甚至王室各支也有互相向陪臣进谗，互相倾轧，以争夺王位的。因为他们忙于争夺继承王位，无暇顾及国政，所以置天下大事于度外，这是可以想象的。这时，天子并不是统治天下的主人，只不过是屈服于武人威力下的奴隶。（如伏见帝曾密谕北条贞时，诉说立龟山帝后代之不利，因而改立伏见帝的皇子为后伏见帝。但是，伏见帝的从兄后宇多天皇又向贞时请求，于是又废了后伏见帝，改立后宇多帝的皇子为帝。）后醍醐天皇虽然不是明圣的君主，但比起前几代的皇帝，言行颇有可取之处，又怎能把王室衰微的罪责完全加在他的身上呢？政权的脱离王室，并不是由于别人夺去，而是由于积年累月的趋势，王室自己放弃了权柄，让别人拾去的。这就是为什么天下的人心只知有武人而不知有王室，只知有关东而不知有京师的缘故。所以在当时即使天皇圣明，并且得到十个正成作大将军，但在积弱之余，又能有什么作为呢？这绝不是人力所能及的。由此看来，足利氏的成功不是偶然的，楠氏的战死也不是偶然的，都是有其必然的道理。所以说，正成的死，不是由于后醍醐天皇的不明智，而是时势所造成。正成不是败于尊氏而死，而是由于违逆时势为敌而败亡了。

如上所论，所谓英雄豪杰的不遇，只是没能适应当时的一般风气，以致未能实现自己的愿望而已。所谓得千载一遇的机会而成其大业的，也不过是恰好适应了时势，使人民得以充分发挥了力量罢了。18 世纪美国的独立，既不是四十八位勇士的创业，也不是华盛顿一人的战功。四十八勇士只是把十三州人民所具有的独立精神力量具体地表现出来，而华盛顿则把这个力量运用在战场上罢了。所以，美国的独立不是千载一遇的奇迹。即使当时战败，一时未能成功，但还会有四百八十勇士，十个华盛顿出现。总之，美国人民必然要独立的。近例如四年前的普法战争，有人说，法国的败北是拿破仑三世的失策，普国的胜利是宰相俾斯麦的功勋。这是不对的。并不是拿破仑和俾斯麦智愚悬殊，其胜败的原因主要在于当时的趋势。普鲁士人民能团结一致所以强盛，法国人民党派分歧所以衰弱。加以俾斯麦能顺应这个趋势发挥了普国人民的勇敢，而拿破仑则与法国人民的希望背道而驰，违背了人心。再举一个明显的例子，假设现在让华盛顿做中国的皇帝，让惠灵吞作他的将军，率领中国军队同英国军队作战，结果胜负如何呢？即使中国拥有大量的军舰大炮，也要被英国的土枪和帆船打败的。由此看来，战争的胜败，既不在于将帅，也不在于武器，而完全在于一国人民的精神力量。如果率领数万将士作战而吃败仗，这与士兵无关，只能归罪于将帅的无能，因为他妨碍了士兵的行动，未能使士兵充分发挥勇气。

现在再举一个例子，假定今天的日本政府，把行政效率不高，归咎于长官的无能，于是为了寻求人才，录用这个，或拔擢那个，但试行的结果，对事务本身仍然没有改变。或者以人才不够为理由，聘请外国人当教师或当顾问，向他们请教，但是行政效率依然不能提高。若从行政效率不高这方面来看，政府的官员好像实在是无能，聘请的外国教师和顾问也好像都是愚人。其实，现在的政府官员都是国内的人才，而聘来的外国人，也不是特意挑选来的愚人。

那么，行政效率为什么总不见提高呢？必然另有原因。它的原因是什么呢？每当实际推行政务时，必有无可奈何的情况发生，这就是它的原因。这种情况是极难形容的，也就是俗语所说的“寡不敌众”。政府失策的原因，常常是由于寡不敌众。政府官长并非不知失策，知道为什么还要作呢？这是因为官长势孤，群众的舆论势大，实在无可奈何。要问这个舆论的来源，是无法找到的，就好像从天而降似的，但是它有足以左右一个政府的政务的力量。所以行政效率不高，不是二三官员的罪过，而是群众舆论的过错。世人切不可错误地归咎于官员的处置不当。古人认为正君心之非最紧要，可是我的说法完全相反，我认为国家的要图，首先在于纠正群众舆论的错误。身为官员的，因为亲自接触国事，其忧国的心情也当然比较深切，本来应该忧虑群众舆论的错误而设法予以纠正。但是有些官员并不这样，他们不是赞同这种舆论的一分子，就是迷惑于这种舆论，变成了这种舆论的同情者。这种人真正是身居忧人的地位，反而作出令人忧虑的事情。政府的失策往往在于，好像自己制定，自己又来破坏，这都是这班人造成的。从国家看来，如果说这也是属于一种无可如何的事情，那么，一切忧国之士就必须大力提倡文明，不论官员和平民，都应该从迷惑中清醒过来，以改变群众舆论的方向。舆论之所趋是天下无敌的，区区的政府何足虑！小小的官员又何足怪呢！本来，政府是随着舆论为转移的。所以，今日的学者不必责备政府，而应该忧虑舆论的错误。

有人或者再说：如果按照本章的意思，天下的事物，只能一任人心的趋向而无能为力；世界上的形势，也像寒暑的往来，草木的荣枯一般而人力无可奈何了？好像政府对于人民也没有用处，学

者也成了无用的废物，商人、工人也只有听其自然，没有应尽的义务了。这能就是文明进步的现象吗？我的回答是绝对不然。前面已经说过，文明既然是人类的规律，实现文明，当然是人类的理想。在到达文明的过程中，必各有应尽的职责。如政府要维持社会秩序，实行当前的措施；学者应该瞻前顾后，策划未来；工商业者应努力经营个人的事业，增加国家的财富等等，都是各守其职各尽所能为文明的实现尽一份力量的。当然，政府也不能没有长远的计划，学者也不能没有当前的职责。而且政府的官员，也是出身于学者，彼此的职责虽然相似，但是，既然有了公私的区别，明确地划分了职务的范围，那么职务的性质就不能没有现在与未来之分。假如国家一旦有事，首当其冲并即时决定对策的当然是政府的责任，但是，经常注意观察世界形势，为应付未来作好准备，或促其实现，或防患于未然，都是学者的职责。一般学者，不明此理，爱管闲事，到处奔走呼号，而忘却自己的本分，甚至有的受官方利用，想插手处理当前的事务，结果，不但一无所成，反而贬低了学者的身价。真是愚昧已极。政府的作用，譬如外科手术，学者的理论，譬如养生方法，其效果虽有缓急迟速之不同，但对人的身体健康都是同样不可缺少的。现在论政府和学者的作用虽然说一个是为现在，一个是为未来，但是都有其重大功用，对于国家同样是不可缺少的。最重要的是，政府和学者的作用切不可丝毫互相抵触，必须互助合作，互相鼓励，共同为文明进步而努力。

第五章　续前论

从国民的一般智德，可以看出一个国家的文明状况。前章所讲的舆论，就是指国内群众的议论，也就是在某一时代，人民普遍具有的智德的体现，所以，从舆论可以看出人民的思想动向。但是，关于舆论，这里有两种看法。第一种意见是，舆论的强弱不是决定于人数的多寡，而是决定于智慧的高低。第二种意见是，即使人人都有智慧，但是，如果不能和习惯互相结合起来，就不能构成舆论，兹述其理由如下。

第一，一人的主张，不能胜过二人，三人的主张，可以制服二人。人数愈多，舆论的力量也愈强，这就是所谓寡不敌众。然而这种舆论的众寡强弱，只是限于在人们的才智相等的情况下。若把天下人作为一个整体来看，则舆论力量的强弱，并不是决定于人数的多寡，而是决定于智德的高低。人的智德，犹如人的体力，有一人的力量等于三人的，有一人的力量等于十人的。因此，假如把群众合成一个整体来计算它的强弱，就不能单从人数的多寡来决定，而应从整体之中分别具有的力量来计算。譬如一百人举一万斤的东西，每人平均力量为一百斤。但是，人的力量不可能是相等的，假使把这一百人分为两组，每组五十人，然后使这两组分别来举，结果，可能一组举七千斤，另一组举三千斤。如果再把它分成四组或八组来举，则必定要相差越来越大，最强者和最弱者相比，可能有一人力抵十人的。如果从这一百人中选出力量最强的二十人为一组，其余八十人为一组，分别举重，二十人这组，能举六千斤，而八十人这组，只能举四千斤。现在按照这情况计算，从人数来看是二与八之比，从力量上来看，却是六与四之比。所以力量不能由人数多寡来决定，而应按照所举之物的轻重和人数的比例来决定。

智德的力量，虽然不能以度量衡来衡量，但是在道理上却和体力没有两样，它的强弱相差，比体力更悬殊，可能有一人抵百人或抵千人的。假如把人类的智德变成酒精一类的东西，一定会有惊人的奇观。蒸馏十个这一类的人，能得一斗的智德量，而蒸馏一百个那一类的人，也许只能得三合的智德量。一国的舆论，不是从人的体质中发出来的，而是来自人的精神。因此，所谓舆论，不是完全由于论者的人数多而有力，而是由于在论者之间所具有的智德分量多，以这个分量弥补了人数的不足，而成为舆论的。如果把欧洲各国人民的智德平均一下来看，国内不识字的愚民，可能超过半数以上，而在这些国家里所出现的所谓国论或舆论，都是一般中人以上的智者的言论，至于其他的愚民不过是随声附和，被包括在这个范围之内，不能施展个人的愚见而已。而且，在这些中等以上的人们中也有无限的智愚之差。或甲胜过乙，或乙排除甲，有一旦交锋立即遭到失败的，也有争论不休而胜负难分的。经过千锤百炼好容易才压倒异说于一时的，也就被称作国论或舆论。这就是欧洲各国报纸和讲演会盛行，众口喧嚣的原因。总之，人民是处在全国智德指导之下，智德如果改变方向，人民也随着改变方向，智德如果分成党派，人民也分成党派，进退聚散，无一不是跟着智德走

的。(社会上嗜好书画的人，本是中等以上有文化的风雅人士。他所以嗜好，是要考究历代的古物，比较书画运笔的巧拙，从中寻求乐趣。但是，现在社会上，普遍流行着爱好古玩书画的风气，很多目不识丁的人，只要有几个钱，也要买些书画，挂在房间里，或者因为收藏些珍玩古董而扬扬得意，这的确可笑亦复可怪！其实，这些愚民不过是追随中等以上人物的风雅，不知不觉地形成了这种风气。此外，如时尚的服装，布匹的花样等等，也是模仿别人的式样来加以欣赏。)以最近我们日本的事例为证，前几年政府实行了维新，接着又有废藩置县之举，华族和士族因而失去了权力和俸禄，但是他们没有敢出怨言，这是什么道理呢？或者有人说，王制革新，是由于王室的威严，废藩置县是由于执政者的英明果断才完成的。这完全是不识时务者的臆测。王室如果真有实际的威力，王制的复古又何必等到庆应的末年，不是早就可以推翻德川氏吗？或者在足利末期就可以收回政权了。复古的时机不一定非在庆应末年不可，然而为什么直到现在才完成维新大业和实行了废藩置县呢？它既不是由于王室的威严，也不是由于执政者的英明果断，而是另外有其根本原因。

我国人民长期遭受专制暴政的压迫，门阀成了他们发号施令的资本，即使才华过人，如果不依靠门阀就不能施展其才能，也不能有所作为。在当时由于被这种势力所压制，全国已经找不到可以发挥智力的余地，一切事物都陷于停滞不前的状态。但是，人类智慧发展的力量，是怎样压制也压制不住的，在这停滞不动的期间，人们也能不断前进。到了德川氏的末期，社会人士已经开始产生了厌恶门阀的心情。因此，有的弃官而作儒医，有的埋头著作。

在藩士里面有这种人，在僧侣神官之间也有这种人，这些都是怀才不遇的人。从“天明”、“文化”年间出版的著作、诗集或野史小说之中往往有借隐喻影射以发泄牢骚等的情况，就可以发现这种迹象。当然在文章表面上没有直接对门阀专制政治进行攻击，但是，从国学家悲叹王室的衰微，汉学家讽刺贵族执政的奢侈，以及一些小说家，利用狂言戏语讥讽社会等，不论在文章上或事迹上，虽然没有一套完整的见解，但是，不满意现状的心情，是溢于言表的。其实作者本人也只是莫明其妙地发泄牢骚，这种情形，恰如沉疴缠身的病人不能说明自己的病状，而只能诉说痛苦一样。（在德川初期，政权强盛之时，著作家慑于幕府的威力，丝毫不敢批评时政，有些人反而谄媚歌颂幕府；从新井白石的著作，中井竹山的逸史等就可以看出当时的情况。后来，直到文政年间赖山阳在著述日本外史的时候，才敢于对王政的衰微表示愤慨，字里行间，有如谴责德川氏的罪恶。现在我们研究其中原因，很显然，白石、竹山不见得甘当幕府的奴隶、赖山阳也不见得是天子的忠臣，这都是时势所使然的。白石、竹山是受当时权势所压制，不能畅所欲言，赖山阳不过是稍微摆脱这种束缚，由于愤恨当时的专制政治，借著述日本外史发泄其积郁而已。以后在国学、小说、狂诗、狂文特别是在天明文化之后这种风气最盛。如本居、平田、马琴、蜀山人、平贺源内等人，虽然都是有志之士，但是，由于怀才不遇，只得献身于文字，或者提倡尊王之说，或者记述忠臣义士的事迹，或大放狂言嘲讽时世，而发泄其不平。）然而，这些国学家不见得是王室的忠仆，汉学家也不见得是真正忧世之士。试看世上所谓的隐君子，平素虽然牢骚满腹，一旦踏上宦途，骤然变节，再也听不到牢骚不平的声音了。再如今日的尊王之士，如果得到幕府五斗米的俸禄，明日就会变成拥护幕府派；又如昨日的贫儒，一经拜命封官，今日就会趾高气扬。这从古今许多事实可以得到证明。总之，这些国汉学家，在德川末期，虽然把尊王忧世之意形诸笔墨，无形中开辟了舆论的途径，但是，大多不是他们本来的面目，不过是借尊王忧世之名以发泄自己的不平而已。至于他们的内心是否真诚，他们的议论究竟为私为公，姑置不问，如果研究发生不平的原因，这是由于他们受专制门阀的压制，不能发挥自己的才智而感到愤恨，因此，在心情上是不愿再屈居于专制之下的。这从他们的笔墨言语之间，可以清楚地看出来。只是在于暴政强盛时代，这种心情不能暴露于外而已。至于暴露与不暴露，则完全要看暴政力量和人民智力的强弱来决定。政府的暴力和人民的智力是互相对立的，这个得势，那个就要失权，那个得势，这个就要鸣不平，两者的对比恰如天秤的均衡一般。在德川氏的政权全盛时期，天秤始终是偏重于一方，到了末期，人智稍微有了进步，在天秤的另一端，才能放上一个小小的砝码。从天明文化年代以后所出版的那些书籍，就可以说是这个砝码。但是这个砝码的重量太轻了，根本不能使天秤平衡，又怎能谈到打破这个平衡呢？若没有后来的开港问题的话，到什么时候才能把这个平衡颠倒过来，使智力获得优势，谁也不能预测。幸而在嘉永年间佩里渡海来到日本，这才为改革创造了条件。

自从佩里来日，德川政府和各国缔结了条约之后，世人看到政府的措施才知道政府的懦弱无能。另一方面由于和外国人接触，听到他们的言论，或阅读外国书籍和翻译书刊，见识越广，民势越盛，于是觉悟到幕府虽然暴虐如桀纣，但完全可以用人力把它推

翻。这种情况正如聋瞎的耳目顿开,闻见了声色一般。首先出现的就是“攘夷论”。而这个议论产生的根源,绝不是出于个人的私心,而是出于要划清敌我界限,出于保卫祖国的一片热忱。有史以来,初次与外国人接触,犹如从黑暗沉寂的深夜,走到喧哗纷扰的白昼,看到的一切事物都是奇奇怪怪,没有一件是适意的。这个意并不是私意,而是在思想上仅仅考虑到日本和外国的区别,想要挺身而出以肩起祖国伟大事业的意图,所以这不能不说是为公。在明暗突然变化时期,必然会眼花缭乱,议论的条理也不可能周密,行动也必然粗暴鲁莽。总而言之,爱国思想虽然粗犷和不成熟,但其目的却是为了国家,完全是为公的。他们揭示的主张,唯一目标在于攘夷,所以是单一的。以为公之心提倡单一之论,其势必强,这就是攘夷论从开始就得到了响应的原因。社会人士一时也受到了这个影响,还未看到和外国交际的利益,就产生了憎恶外国的情绪,把天下的坏事完全归罪于和外国交际上。假使国内发生灾祸,就认为这是外国人造成的,那是外国人策划的,以致举国上下都不愿意和外国人交际,即使有人愿意和外国来往,也不得不附和社会上的普遍风气。然而,唯有幕府不能不首当其冲,要和外国人接触,并根据道理办事。幕府当局也未必喜欢外交,不过因为慑于外国人的威力和不能解答外国人提出的问题,许多人不得不讲些道理。但从攘夷论者看来,这种做法只是一种因循姑息。这时,幕府好像被夹在攘夷论者和外国人中间,陷于进退维谷的境地,不能保持平衡。幕府愈发暴露弱点,攘夷论者气焰更加嚣张,更加肆无忌惮地主张攘夷复古,尊王讨幕,倾其全力以打倒幕府,驱逐外夷。在当时虽然也发生很多杀人、纵火等为士君子所不取的举动,但是推翻幕府这一点，众论却始终一致，全国的智力整个地指向了这个目标，终于在庆应末年完成了革命大业。若按当时发展趋势，在革命复古之后，本应立即攘夷，但却没有这样做。在推翻了万恶的幕府以后，按理说应该停止行动而并没有停止，却同时又排斥了诸侯和士族，这是什么道理呢？这也不是偶然的。因为攘夷论只不过是革命的开端，也就是所谓事物的近因。总的智力所要达到的目标根本就不在于此，它的真正目的既不是复古，也不是攘夷，而是利用复古攘夷的主张为先锋以声讨根深蒂固的门阀专制。所以举事的既不是王室，要打倒的也不是幕府，而是一场智力和专制制度的生死搏斗，掀起这次战争的就是全国总的智力。这就是事件的远因。这个远因早从开港以来就以西洋文明学说作为援军而逐渐强大起来，但是，为了展开一场智战，必须有个先锋队，于是乎才和近因结合起来一同走向战场，而完成了革命的壮举取得了胜利。先锋队的主张虽然曾经一度发挥过英勇作用，但在胜利以后，方始发觉它的组织松懈不巩固，因而逐渐放弃暴力，参加了智力的阵营，形成了今天的局面。今后如果这个智力的权势越大，从而使那粗浅的爱国观念变为精深的爱国思想，使那未成熟的成熟起来，共同来保护我们的团体，则将是无限的幸福。所以说，王制复古，并不是凭借王室的威力，而只是国内的智力假王室的名义而成了事；废藩置县并非出于执政者的英断，执政者只是受国内的智力所驱使，而采取了实际措施而已。

如上所论，由于全国的智力，形成了舆论，舆论之所归，促进了政府的改革，废除了封建制度。但是，实际上参与这个舆论的人数，计算起来却为数甚少。日本全国人口以三千万计算，其中农工商的人数占二千五百万以上，而士族还不足二百万人，另外把儒医、神官、僧侣、浪人等姑且也列入士族以内，假定大约五百万人属于华族士族，二千五百万人为平民，那么，由于平民自古以来就不参与国事，当然对于这次事变，也是漠不关心的，因而，很显然这个舆论是由士族的五百万人之中产生的。在这五百万人当中，愿意改革的仍占极少数，首先最不欢迎改革的是华族，其次是大臣冢宰，再其次是高禄的武士。改革对于这些人是不利的，所以，他们根本不赞成改革。自古以来，腰缠万贯，无才无德，在朝为高官、在野为富豪之辈，能为国家仗义疏财取义杀身成仁者，简直如凤毛麟角。所以在这次改革中，不论士族或平民，这类人物仍然极少。赞成这次改革的都是在藩府中没有门阀的，或虽有门阀，但经常不得志心怀不满的，或是无官无禄的贫寒书生。总而言之，凡是赞成改革的都是一些有才智的穷人，并且一旦发生事变，对他们是有百利而无一害的。这种情况征诸古今历史也可以得到证明。策划这次改革的人，在五百万士族中，还不够十分之一，除去妇孺，人数就更无几了。不知从何处突然发出了这种新奇的学说，莫名其妙地传布在社会上，首先响应这个学说的，当然是富有才智的人。周围的人，或者被这个学说说服的，或者受其威胁，也有盲从附和的，也有被迫顺从的，人数越来越多，这种主张终于成了全国的舆论，压倒了天下大势，打倒了暴虐如桀纣的政府。后来实行废藩置县，对于华族士族来说，是极其不利的，因此，不赞成的十居七八、而赞成这个办法的只不过十之二三。但是，这十之七八的人数，就是所谓的守旧派。这派人智力非常短浅，在分量上远不及占总人数十之二三的改革派。守旧派和改革派在人数上，虽然是七八对二三的比例，但在智力的分量上，比例却是相反的。改革派就是用这种智力的分量，弥补了人数的不足，从而使十分之七八的多数人不得恣其所欲。在目前的情况下，真正的守旧派已经很少，就是在旧士族当中也没有人主张保持禄位了。国学和汉学的古学家，大部分也改变了主张，或者牵强附会地制造了一套论调，企图掩饰自己学说的本来面目，而混入改革派。表面上说是求和实际上是要投降。当然，求和也好，投降也好，相处日久，实际方向自然会趋向一致，而共同走上文明的道路，这样一来，改革派的队伍就逐渐扩大了。但是，最初策划举事而获得成功，并不是由于人数众多，而是由于智力战胜了多数人。假如在今天守旧派中出现了有智慧的人物，逐渐扩大党羽，大事宣传保守思想，那么它的势力也一定会壮大起来，也非改革派所能阻挡得住的。但是，幸而守旧派里有智力的人极少，即便偶尔出现一个人物，也要背叛该派而不为其效忠。

从前段的论证，可以明了事情的成败，不是由于人数多寡，而是由于智力的高下。因此，处理一切社会事件，都必须顺应智力所指引的方向，切不可为了迁就十个愚者而招致一个智者的责难，也不可为了博得一百个愚者的赞许而引起十个智者的不满。被愚者指责不足为耻，受愚者赞许也不足为荣。不能以愚者的褒贬作为处理事物的准绳。例如，后世的政府，有时遵循周礼所记的乡饮耆宾之义，给人民以酒馔，但是，不能因为看到这些人民欣悦，而推断这一地方的人心。尤其在现今日臻文明的人类世界上，接受别人的惠赐酒食而感觉欣悦的人，如果不是饥饿者就是愚民。看见这种愚民的欣悦而欣悦的人，也无非是和愚民差不多的愚民而已。根据古史的记载，国君有到民间微行私访，听到童谣而有所感怀的，这未免过于迂阔了！固然这是古老的事情，不足以为凭，可是，在今天确有与此相类似的人。这类人就是独裁政府所用的特务。政府施行暴政，恐怕人民不服，所以派遣小人暗中刺探社会的情况，企图听取他们的密报来处理政务，这类小人就叫作特务。但是，这些特务究竟能接触到一些什么人听到一些什么事情呢？光明磊落的正派人物，事无不可对人言，而真正阴谋作乱的人，他的才智自然比特务高明得多，谁肯把机密透露给这些特务呢？所以说，特务之类，只是受金钱驱使，徘徊于市井之间，接触些愚民，听些愚言，再加上自己的臆断揣测而报告主子而已。对实际问题毫无补益，只是消耗他主子的金钱，买来了智者的嘲笑。法国皇帝拿破仑三世，虽长期使用特务，但在和普鲁士的战争时，没有探得国民的真情实况，结果不是一败涂地而遭生擒吗？这不可不引为殷鉴！政府如果真要了解社会的真情实况，则莫如使出版自由，倾听智者的议论。对著作和报刊加以限制，堵塞智者的言路，只利用特务来探索社会动静的办法，正如把生物密闭起来，断绝空气流通，而从傍窥伺其生死一般。这有多么卑鄙呀！如果想置之于死地，可以打死、烧死。如果认为人民的智慧，对于国家有害，就应该采取秦始皇的办法，既可以禁止全国人读书，也可以活埋全国的读书人。英明如拿破仑者尚不免如此卑劣，而一般政治家的心术，更是令人鄙视！

第二，人的议论，有时由于聚集而有所改变。例如，即使本性胆小的人，如果能聚集到三个人，他们就敢在暗夜通行山路而不感到害怕。这种勇气不能求之于每个人，而是在三个人的集体之中产生出来的。但也有十万大军听到风声鹤唳而逃跑的，这种胆怯，不是人人如此，而是在十万人集体之中产生的。人的智力和议论，犹如按化学定律变化的物质，如果把苛性钠和盐酸分别使用，都是烈性的物质，甚至具有溶解金属的力量。但是，如果将其中和，就变成了普通的食盐，可供日常食用。再如石灰和氯化铵，都不是烈性物质，但如果把它中和起来，就要变成氯化铵精，其气味足可使人昏倒。再看看近来在日本各地所成立的公司，公司愈大，则其管理也愈乱，百人的公司，不如十人的公司，十人的公司，不如三人的合营，三人的合营又不如一人独资经营获利最大。再说如今组织公司的人，大部分都是社会上的才子，如果和那些顽固不化，只知墨守成规的吝啬鬼相比，其智力的悬殊，当然是不可同日而语的。然而，这些英才聚在一起策划事业时，他们的性格就发生了变化，而作出令人可笑的事情来，不仅会贻笑于社会，就是连该公司中的才子本身也会莫明其妙地感到怃然自失。现今的政府官员，也都是国内的人才，可以说日本全国的智慧大半都集中于政府。但是，这些人才麇集于政府处理国事时，他们的措施，并不见得真正英明，这就是所谓"众智结合的变性"，和苛性钠与盐酸中和变成食盐的道理完全一样。总而言之，日本人在共同办事时，总是表现得很笨拙，同每个人所具有的智力相比极不相称。

西洋各国人民，未必都是智者，但是，从他们集体办事，在社会上所表现出来的实际情况来看，确实很多地方像智者的所为。国内的各种事务没有不是通过集体的协商而进行的。例如在政府有供集体协商的议会，在商业上有供同人们通力合作的公司，学者有组织，寺院也有组织，甚至在偏僻的乡村，老百姓也有各自结成组织，共同协商公私事务的风气，既然分成为组织，则每一组织就不能没有其独自的意见。比如，几个朋友或两三家近邻结成了组织，则这一组织就必有其独自的主张。这些再结合为一村，就有一村的主张。结合为一州或一郡就有一州或一郡的主张。这个主张和那个主张互相结合，内容就会多少有所改变，这样反复地结合和统一，最后就构成了一国的舆论。这种情况就好像把若干士兵聚集在一起编为一个小队，再会起来编为中队，最后合并成大队一样。大队的力量，可以对敌作战，但是，就每一个士兵来看，未必都是勇士。所以大队的力量，不是士兵各自的力量，而是由于结成了队伍，而另外产生的一种力量。一国的舆论也是如此，如果只从舆论已经形成的情况来看，的确是很高超而有力的，但追究其根源并不只是由于高超而有力的人物的倡导而使舆论活泼展开，而是由于附和这个舆论的群众配合得好，而在群众之中自然产生出来敢讲敢说的风气。一般说来，西洋各国的舆论，比其国内每个人的才智更为高超，他们每个人的主张和行动，是和他本人的才智不相称的。

如上所述，西洋人是倡着与他本人的智慧不相称的高论和表现出不相称的高明，而东洋人则是说着与他本身的智慧不相称的愚论和表现出不相称的拙笨。现在如果追究其根源，则不外乎习惯二字。习惯日久就能成为第二天性，不知不觉地就会积习成俗。西洋各国的众议制，也是由于百余年来，世世代代的习惯而变成了风俗的，所以到了今天就不知不觉、自然而然地形成了一种体制。而亚洲各国则不然，如印度的等级制度（种姓），按人的身份划成高低尊卑造成一种不平等的局面，使利害得失互不相干，彼此之间自然就没有任何感情。并且，暴虐的政府还特别制定了禁止结党的法律，阻止人民聚议，人民也只抱着但求平安无事的心情，没有勇气争辩结党聚议的区别，一切只知听从政府，不关心国事。结果，一百万人怀着一百万颗心，各人自扫门前雪，莫管他人瓦上霜。对一切公共的事漠不关心，连淘水井彼此都不能进行商量，兴修道路更不必说了。此外，看见路旁倒毙的人便急驰而过，遇见狗屎则绕道而行，都是一种事不关己高高挂起的态度，终日岌岌惶惶唯恐沾染是非，哪有心情去考虑集会和议论！这种习惯日久成风，终于形成目前这种状况。这正如社会上没有银行，人民把余财贮藏在家中，影响金融的周转，致使国家不能举办大事业。假如调查一下全国各户，资财也并不是不多，只是埋没在私人家中，未能供作全国之用而已。人民的舆论也是如此，如果逐户征询每个人，他们也不是没有意见，只是这些意见分成了千百万个意见，而不能综合起来对全国起作用而已。

有的学者说，国民会议固然是值得欢迎的，遗憾的是目前民智未开，还不能不实行专制，所以，实行国民议会仍需等待一个时期。所谓时期，大概就是指等人民有了智慧的时期而言。但是，人的智慧并不像夏季的草木那样一夜之间就可成长起来的。即使能够成长起来，如果不按习惯来运用，也是不能起作用的。习惯的力量极大，如果培养得好，它的作用是无穷无尽的，甚至连维护私有财产的思想都可以压制下去。现在举出一个例子说明。目前我国政府岁收的大约五分之一是用于华族和士族的俸禄，而这些钱粮又都是征自农商业者。现在取消这种俸禄，农商的纳税额，就可以减少五分之一，每年缴纳五袋米的就可减为四袋，小民虽愚，尚不能说他们连分别四和五的智力都没有。如果站在农民的立场，事情很简单，就是拿出一部分自己生产出来的米来养活那些非亲非故的人，那么，就只有给予不给两种办法。如果站在士族的立场着想，俸禄是我们祖先传下来的家产，是祖先的功劳换来的，自然不能和工资相比，现在我们虽然不服兵役，但不能因此就应该停止祖先的赏典，而被剥夺家产。如果说士族无用，而必须剥夺他家应享的俸禄，那么，对那些不劳而食的富商和地主的对产也应该剥夺啊！为什么单单夺去我们的财产而便宜那些无亲无故的农民、商人呢？这种说法似乎也有一些道理，但是，还没听到士族之中有这种议论。现在的情况是，不论农民抑或士族，虽然都是处于私有财产的得失关头，但却坦然无动于衷，仿佛在倾听外国的故事，等待天降的祸福，只是默默坐观事情的演变，这不是很奇怪吗？假使在西洋各国，发生这种事件，将会如何呢？必然是舆论沸腾，展开一场舌战，甚至会引起很大的骚动。我并不是在这里讨论俸禄与夺的得失，只是惊讶日本人囿于不问国事的习惯，不该忍受的而忍受、应开口的而不开口、应发议论的而不发议论而已。争利，固然为古人所讳言，但是，要知道争利就是争理。今天，正是我们日本与外国人争利讲理的时期。凡是在国内是个淡泊的人，对外也必然淡泊，在国内是个愚钝的人，对外也不能活泼。庶民的愚钝淡泊，虽然对政府的专制有利，但是依靠这种人民来对付外国办外交，则是不可靠的。作为一国的国民，如果对国家大事没有畅论其利弊的气魄，作为一个人如果没有重视自己荣辱的勇气，则不论谈论任何事情都是无益的。没有这种气魄和勇气，并不是先天的缺欠，而是由于习惯所使然。所以，恢复的途径，也非依靠习惯不可。因此，移风易俗确是一件重要的事情。

第六章　智德的区别

在以上各章的议论中，曾把智德二字当作成语，说明了文明的进步是与社会总的智德发展有关。本章将分别说明智和德两者涵义的不同。

德就是道德，西洋叫作“Moral”，意思就是内心的准则。也就是指一个人内心真诚、不愧于屋漏的意思。智就是智慧，西洋叫做“intellect”，就是指思考事物、分析事物、理解事物的能力。此外，道德和智慧，还各有两种区别。第一，凡属于内心活动的，如笃实、纯洁、谦逊，严肃等叫作私德。第二，与外界接触而表现于社交行为的，如廉耻、公平、正直、勇敢等叫作公德。第三、探索事物的道理，而能顺应这个道理的才能，叫作私智。第四、分别事物的轻重缓急，轻缓的后办，重急的先办，观察其时间性和空间性的才能，叫做公智。因此，私智也可以叫做机灵的小智，公智也可以叫做聪明的大智。这四者当中，最关重要的是第四种的大智。如果没有聪明睿智的才能，就不可能把私德私智发展为公德公智。相反地，偶尔还会有公私相悖互相抵触的情况。自古以来，虽然没有人把这四者明确地提出来讨论，但是，从学者的言论或一般人日常谈话中，仔细琢磨其意义，便能发现这种区别确实是存在着的。孟子说：“恻隐、羞恶、辞让、是非为人心之四端。扩之则若火之始燃，泉

之始达。苟能充之,足以保四海,苟不充之,不足以事父母。”这就是要把私德扩大到公德的意思。又说:“虽有智慧,不如乘势,虽有镃基,不如待时。”这就是要观察时势的缓急,把私智扩大为公智的意思。世间也有这样的话:某某人在社会上真是一个能干的人物,工作表现很出色,可是私生活简直不像话。法国的宰相黎塞留就是这样的人。这就是说在公智公德上虽没有缺点,但在私德上是有欠缺的。还有一种说法,就是:某某人不论是围棋、象棋或珠算样样精通,但只是小聪明,没有大见识。这是对有私智而无公智者的评价。上述智德的四种区别,既然是学者和一般人所公认的,那么,它就是一种普遍的区别了。首先确定这种区别,下面再来进一步讨论其作用。

如上所述,如果没有聪明睿智的才能,就不能把私智发展为公智。例如,下棋、斗牌、耍球等技艺,是人的技能,研究物理、机械等学术,也是人的技能,虽然同样要花费精力,但是,假若权衡事情的轻重大小,从事重大而能裨益社会的,其智慧所发挥的作用,也就较大。或者,虽非亲自动手,但能洞察事物的利害得失,正如亚当·斯密论述经济规律那样主动地引导社会上的人,进一步走向富裕的道路,这就是充分发挥了智慧的最大作用。所以说,若想从小智发展为大智,就不能没有聪明睿智的见识。还有些士君子说什么:“吾能洒扫天下,区区庭院,何值一顾”,对治国平天下之道大有心得,而不能修身齐家。也有专事洁身自好,闭门不闻窗外事的。甚至也有杀身而无裨益于世的人。这些都是不明智,不了解事物间的关系,不能辨别大小轻重,而失掉了修德的平衡。由此可见,智德受着聪明睿智的驱使,所以,就道德来论也可以叫作大德,但是，如果根据社会上一般人通用的字义，不应该叫作道德。因为古来在我国人民的思想上所认定的道德，是专指个人的私德而言的。考其意义，都是以古书里的温良恭俭让、无为而治、圣人无梦、大智若愚、仁者如山等等为本旨的。也就是说，道德是指存于内而不是形于外的。西洋叫作“Passive”，这就是指对于事物不是采取主动，而是采取被动的意思，这似乎只把排除私心一事作为要图。固然经书所讲论的并不全是被动的道德，似乎也有些活泼生动的妙处，但是全书的精神给人的印象，只不过是劝人忍耐屈从而已。此外如神佛两教的教义中所讲的修德，也是大同小异。在这种教育熏陶之下的我国人民，在其一般概念中，道德的涵义非常狭隘，因此所谓聪明睿智等等才能，也就不可能包括在这个字义之内。解释文字的涵义，不要拘泥于学者的定义，而要考察广大群众的看法，根据群众所理解的意义来解释，才是最正确的。例如“舟游山”这个语汇，如果照字面去寻求字义，就没法讲通，但根据一般的解释，这个语汇并不包含到山上游逛的意思。德字也是如此。如果按照学者的解释，意义很广泛，但按一般人的解释就不然了。一般的人，看见清心寡欲的山寺老僧，就尊崇他为有道德的高僧。对擅长物理、经济、理论等学问的人，则一定不称他们为有德行的君子，而称为才子或智者。又如对于古今成大功立大业的风云人物，则称他为英雄豪杰，而对于他的道德，则只称赞其私德，对更可贵的公德，反倒不列入道德之内，好像把它忘掉了。由此可见，一般人对于德字的解释是如何狭隘了。这大概是因为在人们的意识中，虽然不是不知道智德有四种区别，但有时似乎知道，有时又似乎不知道，结局受社会一般风气的束缚，只是重视私德方面。因此，我

也根据社会一般人的看法来规定字义，把聪明睿智的作用，归入智慧之内，对普通所谓的道德，就不能不缩小其字义的范围，只限于被动的私德上了。在第六七章里所述的德字，都是按照这种涵义解释的，所以，在讨论的时候，拿智慧和道德相比较，认为智的作用是重而广的，德的作用是轻而狭的。这里也可能有些偏见，但是学者如果能了解以上说的意思，也就不致发生疑惑了。

在未开化的环境下，主张用私德去教化人，人民也服从这种教化，这不仅我国如此，世界各国也莫不如此。在民智未开，刚摆脱禽兽世界的时代，因急于要制止粗野残暴的举动，缓和人心，使人类过安定生活，所以无暇顾及人与人之间的复杂关系。另外，衣食住的物质生活，在原始时代，也不过是所谓从手直接到口，似乎也无暇考虑到居室衣着等问题。然而，文明逐渐进步，人与人的关系也复杂起来，就没有理由只用私德一种手段，来支配人类世界了。由于古来的习惯和人类天生的惰性，喜欢守旧和苟安，所以，道德也就总是偏于一方，而不能保持其平衡。本来，私德的条目是传之万世而不变、放之四海而皆准的最纯粹最完美的东西，当然不是后世所能改变的。然而，随着社会的发展，运用私德就必须选择场所，必须研究运用的方法，例如，人要饮食虽然千古不变，可是在古代，只有用手直接到口的一个方法，而到了后世，饮食方法，却有了千变万化。又譬如，私德之于人心，犹如耳目口鼻之于人身，根本不存在有用或无用的问题。只要是个人，就不能没有耳目口鼻。除非在身体残缺不全者居住的社会，才有讨论耳目口鼻有用无用的必要。既然不是什么残缺不全，也就用不着喋喋不休了。不论是神儒佛或耶稣教，都是在上古民智未开的时代所倡导的学说，在

那个时代，当然是必要的。到了今天这个时代，如果全世界人类十之八九，仍然是残缺不全，则道德的教化也绝不可等闲视之，或者还要为此争论一番。（儒者之道是教人以诚为贵，神佛之教是劝人真心虔诚，这对无知的人民，是最紧要的事情。例如，对于智力尚未发达的儿童，或对不学无术的愚民，如果一律地告诉他们说，道德并不是什么可贵的东西，就会使他们发生误解，而理解成道德是下贱的，只有智慧才可贵。甚至还会误解智慧，以致发生抛弃美德而追求奸智的弊端。这样一来，可能引起毁灭社会上人与人的正常关系的危险，所以对这种人必须反复强调道德问题。但是，如果把追求虔诚的私德作为人类的本分，以私德支配社会上的一切事物，其流弊也非常可怕。因此，必须分清地点和时间的条件，以期达到崇高的境域。）然而，文明的本旨，是随着人事的日渐繁杂而前进，所以不能停滞在上古时代的原始状态。现代人在饮食上，已经不能满足于用手直接到口的方法，只要知道人之有耳目口鼻并不值得夸耀，那么也就自然会懂得只修私德并不能尽到做人之道。文明的特点是人事纷纭。交往越频繁，思想活动也必然要复杂起来。如果认为仅仅用私德就可以应付社会上的万事万物，那么，看到目前妇女的德行大可心满意足了。中国和日本，正派的家庭妇女，有很多是具有温良谦恭之德、言忠信、行笃敬、而有处理家务才干的人。但是为什么不能让她们出来承担社会公务呢？这就是处理社会问题，不能单靠私德的明证。总之，我的见解，并不是不轻视私德，把它当作生活小节，而是不同意我国人民一向所认为的那样，过分强调私德的作用，把它当作议论事物的标准。我的意思不是说私德无用而把它摒弃，而是主张在提倡私德的同时，必须强调

更重要的智德的作用。

智慧和道德，恰像人的思想的两部分，各有各的作用，所以不能说哪个重要，哪个不重要。如果不是两者兼备，就不能算作完人。然而，试看古来学者的言论，十之八九违背了事实，错误地只提倡道德的一面，甚至有人竟极端错误地认为智慧是完全无用的东西。为社会着想这是最令人忧虑的弊端。当讨论和要排除这个弊端时，却又遇到了一个困难。因为现在社会上，要讨论智慧和道德的区别，纠正这种弊病，就必须首先划清这两者的界限，分别指出其作用的所在。但是，在头脑简单的人看来，可能会认为这种说法是轻德重智，贬低道德的价值，因而心怀不平；也许还有人误解这种议论，简单地认为道德是无用的东西。本来，为了社会的文明进步，智德两者都是不可缺少的，犹如人身之需要营养，粮食菜蔬和肉鱼都是必不可少的。所以，现在提出智德的功用，讨论智慧的重要性，正如劝告不知保养的素食者吃肉一样。劝人吃肉，必须说明肉的功能，讲解粮食菜蔬养料的不足，更要阐明菜肉并用互不相悖的道理。如果这个素食者只片面地领会这个道理，竟忌吃粮食菜蔬，而专门吃鱼肉，那就糊涂到极点了，不能不说这是误解。我想古今的识者，并不是不知智德的区别，而只是唯恐发生这种误解，故意避而不谈。然而明知而不谈，永远不能解决问题。无论什么事情只要合乎道理，不见得十人当中全都误解，即或十人当中偶尔有二三人误解，也比不谈强。为了怕二三人误解，而妨碍了七八人见识的增长，这是不合理的。唯恐世人误解，而把应发挥的议论隐藏起来，或者把自己的见解加以粉饰，使人分辨不清，玩弄一套所谓“顺风使舵看人说话”的手段，那可以就是蔑视人类的行为。

人类的智愚不会过于悬殊，世人虽愚，尚能分清黑白。那么，主观地认为他人愚昧，或臆测他人的误解，而不把事情的真相告诉别人，岂不是有失敬爱之道吗？这是君子所不为的。只要自己认为是对的，就应该毫无顾虑地和盘托出，至于对与不对，可以一任他人的判断。这就是我之所以好辩和讨论智德区别的缘故。

道德是存在于人们内心的东西，不是外在的行为。所谓修身与慎独，都是和外界无关的。譬如，无欲、正直虽然是道德，如果为了惧怕他人的诽谤，或担心世人的攻讦，而勉强作出无欲和正直的样子，这不能叫做真正的无欲和正直。攻讦和诽谤都是外界的东西，受外物所制约的就不能称为道德。如果这样也称作道德，那么，在某种情况下可以逃避社会的耳目时，即使作了贪污枉法的行为，也就不算违背道德了。如果是这样，伪君子和真君子就没有区别了。因此，可以说道德是一种不管外界事物如何变化，不顾世人的褒贬，威武不能屈，贫贱不能移，坚忍不拔地存在于内心的东西。智慧和道德不同。它是和外物相接触，而考虑其利弊，如果这样作不利，则改用另种方法；自己认为便利，而多数人说不便利，就应立刻改变；曾经是便利的东西，如果又有了更为便利的，就应采取这个更便利的。譬如，马车比轿子便利，但是如果懂得利用蒸汽力，就应当制造火车。制造马车，发明火车，研究其利弊而采用更有利的，这就是智慧的作用。像这样智慧和外界事物接触，适应情况灵活运用，和道德完全相反，是一种外在的作用。有德的君子独自默坐家中，也不能说他是坏人，可是，智者如果毫无作为不与外物接触，也就可以叫作愚人了。

道德是人的品质，它的作用首先影响一家。主人的品质正直，

这一家人就自然趋向正直,父母为人温和,子女的性情也自然温和。偶尔亲戚朋友之间,彼此规劝,也能进入道德之门,但是,仅以忠言相劝使人为善的作用毕竟是极其狭窄的。也就是说,仅靠道德是不可能做到家喻户晓,尽人皆知。智慧则不然,如果发明了物理,一旦公之于世,立刻就会轰动全国的人心,如果是更大的发明,则一个人的力量,往往可以改变全世界的面貌。例如,詹姆斯·瓦特发明蒸汽机,使全世界的工业面貌为之一新;亚当·斯密发现了经济规律,全世界的商业因之改变了面目。传播的方法,可以通过口述,也可以利用书面。听到这种口述或者看到这种著作,而能实地施行的人,也就和瓦特、斯密一样。所以,昨天的愚人就能成为今天的智者,世界上可以产生几千几万个瓦特和斯密。其传播之速和推行范围之广,绝不是用一个人的道德规劝家族朋友所能比拟的。有人说,陶玛斯·克拉逊毕生努力废除了社会上贩卖奴隶的坏法律;约翰·华德消除了监狱的黑暗,这都是道德的力量,不能不说是功德无量。我回答,诚然不错。这两人化私德为公德,实在功德无量。当这两人历尽千辛万苦,想尽方法,或著书或疏财,克服艰难险阻,终于感动社会人心,完成了他们的伟大事业,这与其说是私德的功绩,不如说是聪明睿智的作用。两人的功业虽然伟大,但是根据社会上一般人的观念来解释德字的意义,单纯地来看道德,则不外乎是舍身救人的行为。假如这里有个仁人看到儿童落井,为了救这个儿童,牺牲了生命;而约翰·华德为了拯救数万人,也牺牲了生命,如果把这两人的恻隐之心作一比较,是没有大小区别的。所不同的是前者为拯救一个儿童,后者是为拯救数万人,前者立了一时的功德,而后者留下了万代的功德。至于牺牲生命这一节，两者之间，在道德上是没有轻重之分的。华德之所以能拯救数万人，留下万代的功绩，是由于依靠了他的聪明睿智而发挥了私德的作用，扩大了功德的范围。所以，上述这位仁人是只有私德，而缺乏公德公智的人，而华德则是具备公私德智的人。说一个比喻，私德如同铁材，智慧如同加工，未经加工的铁材，只不过是坚硬沉重的东西，如果稍微加工，作成锤子或铁锅，就具有锤子和铁锅的功能。如果再进行加工，制成小刀或锯，就有小刀和锯的功能。如果更以精巧的技术进行加工，巨大的可以制成蒸汽机，精细的可以制造表弦。如果以大锅和蒸汽机比较，谁能不认为蒸汽机的功能大而可贵呢？为什么认为蒸汽机可贵呢？并不是因为大锅、蒸汽机的铁材不同，而是认为加工可贵。如果只从铁制品的原料来看，大锅、机器、锤子、小刀都完全相同，然而，在这些物件之中所以有贵贱的区别，是由于加工的程度不同而已。权衡智德的对比关系也是如此。不论是拯救儿童的仁人，或是约翰·华德，单从他们的道德本身来看，是没有轻重大小区别的。但是，华德对这个德行进行了加工，把它的功能扩大了。这个加工就是智慧的作用。所以，评论华德的为人，不能只称他是有德的君子，应该称他为智德兼备，甚至是聪明智慧冠绝古今的人物。假使这个人缺乏智力，一辈子只是蛰居斗室，抱着一本圣经读到老死，他的德行也许可能感化了妻子，也许连妻子都感化不了。如果这样，又怎能有如此宏愿，而横扫了整个欧洲的坏风气呢？所以说，私德的功能是狭窄的，智慧的作用是广大的，道德是依靠智慧的作用，而扩大其领域和发扬光大的。

道德问题自古以来就是固定不变的。试举耶稣教的十戒来

谈，这十戒：第一，除了上帝以外不可承认有别的神；第二，不可跪拜偶像；第三，不可妄称耶和华的名；第四，当谨守安息日为圣日；第五，当孝敬父母；第六，不可杀人；第七，不可奸淫；第八，不可偷盗；第九，不可做假见证陷害人；第十，不贪不义之财。孔教的五伦是：第一，父子有亲，即父子相亲的意思；第二，君臣有义，即在主人和臣仆之间，遵守道义，不可冷淡无情义；第三，夫妇有别，即夫妻不可过于狎昵，有伤风化；第四，长幼有序，即年纪轻的要事事谦退敬老尊长；第五，朋友有信，即朋友之间不应有欺诈行为。这十戒和五伦，是圣人所定教义的大纲领，几千年来从未改变。自古以来，虽然盛德的士君子辈出，但对于这个大纲领只不过是加以注释，并未能另外增加一项。宋儒著作虽多，也未能变五伦为六伦，这就是道德条目简少而永不移易的明证。古代圣人不仅是全部躬行实践这些教条，而且还教导了别人。所以后人不论怎样刻苦力学，也不可能超出圣人以上，正如圣人说雪是白的，炭是黑的，后人又怎能改动它呢？关于道德的问题，好像是古人独占了专利权，后人只能为承销商，除此之外是没有别的办法。这就是为什么在耶稣孔子以后没出圣人的缘故。所以道德后来一直没有改进，上古的道德和今天的道德，在性质上并没有变化。智慧就不然了，古人知其一，今人则知其百，古人所恐惧的，今人则轻蔑它，古人所感觉奇怪的，今人则认为可笑，智慧的领域日益广阔，自古至今创造发明多不可胜举，今后的进步仍然是无法估量的。假如古代的圣人活到现在，听到现代有关经济和商业的学说，或搭乘现代的轮船横渡重洋，或在瞬息之间听到电报传播万里以外的新闻等等，不消说，一定会感到惊讶的。甚至不必用蒸汽机和电报来吓唬他们，就是教以造纸写字的方法，或让他们看看木版雕刻的技术，就足以使他们五体投地了。为什么呢？因为蒸汽机、电报、造纸、印刷等技术，全是后人的智慧发明的，而这些发明创造，并不是由于听到圣人所讲的道德而实现的，这些事情是古代圣人做梦也未想到的。因此，如果单就智慧来说，古代圣贤不过等于今天的三岁儿童而已。

道德，是不能用有形的事物传授的，能否学得，在于学者内心的努力如何。譬如，对于经书上的“克己复礼”四字，即使教人知道这四字的意义，也不等于已经传授了道理。所以必须进一步阐明这四个字的意义。克己就是克制自己的私欲，复礼就是恢复本性认识自己的本分的意思。教师所能做的工作，就止于如此反复仔细说明这个道理，再没有其他传道的方法。以后就在于各人的修养，或阅读古人的书籍，或学习今人的言行而效仿其德行而已。这就是所谓以心传心，即所谓道德的教化。教化本来是无形的，究竟教化的效果如何，是无法测验的。例如，有的人明明是在恣行私欲，而自己却认为是克制了私欲，有的人作了非分之事，而自己却认为是安分守己。他们是否这样认为，教师完全无能为力，关键在于学习者的存心如何。因此，听到克己复礼的讲解之后，在思想上有人得到很大的启发，有人竟发生极大的误解，有人蔑视它，也有人虽然了解却故意装模作样以欺人，这样千差万别的情况，真伪异常难辨。如果有人虽然蔑视这个教训，但在表面上却伪装以欺人，或者相信自己所误解的一套，而把假的克己复礼信以为真的话，旁人对他是无可奈何的。这时，因为没有可以证明的准绳，只能对他说：“要小心天报”，“要扪心自问”，除此之外更无其他办法。畏天

和问心都是属于内心的事，真怕天报或假怕天报，不是外人所能一眼看出来的。这就是社会上出现伪君子的缘故。至于严重的伪君子，不但听到道德之说能够理解其意义，而且，自己还能高谈道德，或注解经书，或谈论天道、宗教，其理论可能达到炉火纯青的地步，如果只读他的著作，很可能认为后世又出现了一个圣人。但是，若观察他的实际行为时，就会吃惊其言行太不相符，其心劳智拙，令人可笑！如韩退之上佛骨表以谏天子，俨然像个忠臣，及至贬谪潮州，仍作诗文以表忠愤之气，但是，后来又从远方向京都权门致书，卑躬屈膝地要求再度出仕，可谓是个十足的伪君子！自古至今不论是中国、日本、西洋，如果列举一下，韩愈之流是不乏其人的。就在畅论论语的人中，就有巧言令色贪财好货的，在信奉耶稣正教的西洋人中，就有欺骗无知、恫吓弱小，而企图名利兼收的。这类小人可以说是利用无形的道德没有测验的准绳，而出入道德之门，乘机贩卖私货的。这种情况，归根结底证明了道德的效能是不能控制人的。（书经有今文古文两种，秦始皇焚烧天下书籍，书经也同归于尽，及至汉文帝时，济南老学者伏胜把自己记忆的二十九篇，公之于世，叫作今文。后来，拆毁孔子故居，从壁中发现旧本，称作古文。所以，现在的书经五十八篇中，有今古文各二十九篇。但是，现在把古文和今文比较起来，两者的体裁完全不同。今文晦涩难懂，古文平易明白，两者的文意语气，截然不同。任何人看来，都不能相信是秦火以前所流行的同一本书，其中必有一种是伪作的。特别是从壁中取出的古文，是在晋朝才流传于世，这以前，在汉代书中有一篇秦誓，是诸儒所引用的，到了晋代认为是伪书，便把它废除了。由此看来，书经的来历是不清楚的。但是到了后世，人的信仰逐渐巩固起来，全都认为这是圣人的著作。蔡沉在书经集传的序里说："圣人之心，见于书"，这不是太奇怪了吗？蔡沉的意思可能是认为不必讨论古文今文的区别，只要书中所载合乎圣人的意旨，就可以视为圣书了。可见今古两文中，必有一种是后世为迎合圣人心理而伪造的，也就是伪圣书。可知社会上不但有很多伪君子，而且还出现过伪圣人著作过伪圣书。）智慧就不然了，社会上智慧是丰富多彩的，它可以不经传授而相互学习，也可以自然而然地引导人们进入智慧之门，这与道德的感化没有两样，但是，智慧的力量，并不一定单靠感化的方式来发展它的作用，智慧完全可以通过有形的事物进行学习，可以明显地看见它的迹象。譬如，学加减乘除的方法，就可实际去运用加减乘除。听过水沸腾变为蒸汽的道理，再学习制造机器利用蒸汽力的方法，就可以制造蒸汽机，并且制造成功之后，它的功用，就与瓦特所制造的机器是一样的。这就叫作有形的"智育"。因为这个智育是有形的，测验时，也有有形的规律准绳。因此把智慧传授给人之后，实际运用上如果有不放心的地方，可以进行试验。如果经过试验仍不能实地使用，可以再教导他实地使用的程序。总之，没有一件不是可以用有形的事物进行教导的。例如，这里有一个数学教师，教学生用二除十二得六的算术，试验学生能不能实地运用，可以给学生十二个球，叫学生分成两份，就能证明学生是否掌握了这个算法。如果学生把球分成八与四的两份，这就说明还没掌握这个算法，这时就得再讲解一次重行试验。如果这次能把十二个球等分为各六个，这一课就算教完，学生所学得算法的技巧程度，和教师没有两样，就像天地之间又出现了一个教师。其传习之快，试验的明确，是可以用耳目

见闻的。再如,试验航海技术,可以使其驾船航海;试验商业法术,可以使其买卖物品而视其盈亏;看病人是否痊愈可知医术的巧拙;从家庭的贫富可证明经济才能的高低;诸如此类,逐一观察其实际情况,就可了解是否掌握技术,这叫作"有形智术试验法"。因此,智慧是不可能伪装而欺世骗人的。不道德者虽然能伪装为有道德者,但是愚者却不能伪装为智者,这就是世上为什么伪君子多而伪智者少的缘故。社会上也许有不少这样的例子:如有的经济家,能畅谈天下的经济而不能料理自己家务;有的航海家理论十分高明,而不会驾驶船只。这种人虽然似乎是所谓伪智者,但是,社会上一切事物的理论和实际,毕竟是一致的。只是在道德的问题上,缺少可以检验理论和实践脱节的准绳而已。在智慧的领域内,纵然会出现这种伪智者,但仍然有查明其真伪的方法。如航海家不能驾船,经济家不善料理家务,这种人必定是还没有掌握真正的技术本领,或者是另有妨碍其发挥技能的原因。(例如,经济家好奢侈,航海家身体虚弱,技术本领虽高但不能实地运用等。)由此看来,不论是技术本身或是妨碍技术发挥的原因,都是有形的。所以,要查明其情况,证实是否真正掌握了技术,并不困难。既能证实真伪,就可以采用从旁讲解教导的方法,也可以由自己钻研并向别人学习。总之,在智慧的世界里,没有伪智者的立足之地。所以说,道德不能以有形的事物教人,也不能以有形的事物考察其真伪,只能在无形中感化人。而智慧是却能以有形之物教人,以有形之物证实其真伪,同时又能在无形中感化人。

道德是根据内心的努力与否而有所进退的。譬如,有两个少年,都是生长在农村,都是性质朴素诚实毫无差别。他们为了经商或求学来到城市，最初，共同择友而交，择师而学，看到城市人情之刻薄也曾背地里慨叹过。但是经过一年半载之后，一人改变了原来的农民本质，沾染了都市的浮华，终于放荡堕落，贻误终身；另一人则不然，修身日严，品行始终如一，未尝失去农民的本性。这样，两个人的德行显然有了天渊之别。这种情况，从在东京求学的学生中，就可以看到。如果这两个少年留在故乡，他们都是诚实的人，天长日久，都将成为有德的老实人，可是，他们在中年以后，一人从有德变成了无德，另一人则能善保其身。现在如果寻求其中的原因，并不是二人的天赋有所不同，而且，他们所交往的人相同，求学内容也相同，所以也不能归咎于教育。那么，为什么他们的德行如此悬殊呢？这是因为其中的一人，在道德上忽然改变方向开倒车，另一人则保持而不失其本来面目。并不是外物的作用有强弱，而是在内心修养上有了努力与不努力的差别，因而造成了一个后退，一个前进。例如，有人从少年时代就放荡冶游，杀人越货，无恶不作，无人理睬，以致在社会上几乎无法容身，但因后来猛然醒悟去邪归正，痛改前非，开始考虑日后的个人前途，兢兢业业，后半生变成了一个有用的人。分析这种人一生的行事，显然可以划分两个阶段，前后判若两人，好像在桃木本上嫁接梅枝成长之后，但见梅花满树，而无从辨识其根本为桃木。社会上这种例子很多，如从前的赌徒，现在却吃斋念佛，大流氓无赖汉变成了诚实的商人等的事例并不稀罕。这些人并不是受到别人的教导而回心转意，而是由于内心的觉悟而悔改的。又如，往昔熊谷直实斩杀了平敦盛之后，归依佛门；某猎人打死了怀孕的猿猴，毕生不再打猎等等。熊谷既然归依佛门，就是念佛的行者，而不是旧日的慓悍武夫；猎

人既然弃枪把锄，就是善良的农民，而不是往日的杀生者。从武夫变为念佛行者，从杀生者变为善良农民，这种事情并不需要别人教导，而是在一转念之间就可以作到的。德与不德其间不能容发。至于智慧就迥然不同了。人初生下来是一无所知的，不学习就不能进步。如果把初生儿放在旷无人烟的山野上，即使幸而不死，他的智慧也必和禽兽相差无几，甚至连黄莺筑巢这种本领，只凭没有受过教育的人的努力恐怕也是做不成的。所以人的智慧完全在于教导，如果教导有方，其前途是无可限量的，并且，一旦有了进步，就不会再回来。比如，两个少年天赋相同，如果进行教导就可以共同进步。如果两人的进步有了快慢，这可能是由于他们的天赋不同，或是教授方法不同，或是两人的勤惰不同而造成的。即使有了某种条件，也绝不可能由于内心的努力而马上打开智慧之门。昨日的赌徒，虽然能变成今天的念佛者，但是，人的智愚，若不与外界接触，绝不会一朝一夕之间发生变化。再如，去年的拘谨者可能变成了今年的浪荡儿，不复保留拘谨的形迹，但是，人的既得知识，如果不是患了健忘症，是不会消失的。孟子所谓“浩然之气”，宋儒所谓“一旦豁然贯通”，禅家所谓“悟道”，这些都是在无形的内心中无形的功夫，无从见其具体形迹。但在智慧的领域里，绝不会因一旦豁然开悟，就能像浩然之气那样发挥其巨大功用。瓦特发明蒸汽机，亚当·斯密首倡经济学说，并不是独居默坐，一旦豁然而开悟的，而是积年累月研究了有形事物的道理，由一点一滴逐渐形成起来的。纵令达摩大师面壁九十年，也不能发明蒸汽机和电报。即使现在的古典学者们读破中日的万卷经书，掌握了以无形的恩威治民的妙法，也不能立刻通晓现代世界通行的经国济民之道。所以说，智慧是学而后进步，不学就不能进步，已经学会，就不会退步；而道德就不同了，它既难教又难学，并且是由于内心的努力与否而有所进退的。

社会上的道德家曾这样说：道德是一切的根本，社会上的任何事业，若不依靠道德就不会成功，如果有了道德修养，则将无往而不利。所以道德是不可不教，不可不学的。社会上一切事业都可以暂时放下，而应该首先修积道德然后再谈其他问题。世上如无德教，犹如暗夜无灯，就无从辨别事物的方向。西洋的文明是由于德教的成果，亚洲的半开化和非洲的野蛮也是由于修德的深浅而使然的。德教犹如寒暑，而文明如同寒暑表，前者一有变化，后者立刻起反应，道德增长一分，文明也随着上升一度云云。他们为不德而悲叹，为不善而忧伤，或主张应容纳耶稣教，有主张恢复业已衰微的神道，或主张推广佛教等等，儒家有儒家的说法，国学家又有国学家的论调，众说纷纭，莫衷一是，其忧伤焦灼情况，有如水火之即将波及家门真是狼狈不堪！但是，我有另外的看法，我认为可以抓住事物的极端，但不能以此作为议论的唯一目标。现在如果以不善不德的极端情况作为唯一目标而欲进行挽救的话，这固然也好像是燃眉之急，然而，只是挽救这一方面的缺陷，还不能算做到了一切。这正如人只获得了从手直接到口的食物，还不能说是达到了人类的全部生活一样。如果以事物的极端作为议论的目标，则德教也是不解决问题的。假如，现在只以德教作为文明的根本，使全世界人人都诵读耶稣的圣经，除读经以外无所事事的话，又将怎样呢？如果盛倡禅家不立文字之教，使天下人们都忘了文字，又该怎样呢？如果有人只知背诵古事记和五经，专门学习忠义

修身之道，连谋生的方法都不懂，这样，能说他是一个文明人吗？如果一个人舍弃了五官的情欲，甘愿忍受艰苦，不知人间世界为何物，能说他是个开化了的人吗？又如常见路旁有三只石猴雕像，一只蒙着眼，一只堵着耳，一只遮着口。这可能是表示不见不闻不言的忍耐之德的寓意。假若按照这种意义解释，则人的口耳目便成了不道德的媒介了，好像天之生人，就赋予了不道德的工具。如果口耳目是有害的，那么，手脚也将成为做坏事的工具了。这样看来，盲聋哑也不能算作完全的善人了，最好是连四肢的机能也都去掉。不，与其创造这样残缺不全的生物，倒不如使世界上根本没有人类，才是尽善尽美。但这能说是造化的规律吗？我不能不有所怀疑。但是，诵读耶稣的圣经、信仰不立文字之教、尊崇忠义修身之道、舍弃五官肉体情欲的人，都是德教的忠实信徒。这种对德教坚信不疑的人纵然是无智的，也没有理由责备他是坏人。责备无智是智慧的问题，和道德没有关系。所以，如果极端地说，从德教上看来，凡是缺乏私德的人，都是坏人，德教的目的似乎只在于减少这种坏人。然而，如果广泛地考察人心的活动，并详细分析所表现的事实，就有理由认为不能单把减少这种坏人的一件事，叫作文明。譬如，现在以乡间人和城市人作一比较，衡量一下其私德，究竟孰多孰少，虽然很难确定，但是，根据社会一般的舆论，总是认为乡村的风俗纯朴可爱。即使不喜爱乡村的人，也不会认为乡村的道德浇薄而城市的风气纯厚。若以上古与近世比较，或以儿童与大人比较，也是如此。但是，一谈到文明问题时，则无人不认为城市是文明的，近世是文明进步的。所以，文明与否是不能单纯以坏人的多寡来判断的。同时也可以证明，文明的根本并不在于私德一方面。但是,那些道学家们的议论一开始就趋于极端,思想偏狭不留余地,不知文明的宏大,不知文明的复杂,不知其动向,不知其进步,不知人心的变化多端,不知智德有公私之别,不知公私相互制钧和相互均衡的关系,更不知把一切事物综合起未全面地判断得失的方法,只是一心一意想减少社会的坏人,结果陷入错误的见解:要使现代人回复到上占时代的人,使都市变成乡村,大人变成儿童,众生变成石猿。本来,神儒佛和耶稣教的本旨,并不是如此褊狭,只是,在世上一般传教和信教当中,人心的反应上,终于不免有这种弊端。这个情况,恰如对一个严重胃酸过多的患者,不论给予任何饮食,都被酸化而不能获得营养效果。这并不是饮食之罪,而是疾病所造成的。学者必须认清这个道理。

如果寻究那些有识之士,为什么深忧世间不道德的话,就可以知道,他们竟把社会上的人都看作坏人,而力图挽救这种趋势。这种仁慈心肠,原是司贵的,然而把世人一律称作罪孽深重的凡夫,这只是随便云云。其实未必尽然,人生在世也并不是只做坏事。古今世界不论任何善人,也不能保证毫无恶行;不论任何坏人,也不能说他一点好事都没做。综观世人的生平行为作一比较,总是包括善恶两方,而善的方面要多一些。正因为善行较多,所以社会的文明才能逐渐进步。而且这些善行,并不完全由于德教的力量产生的。引诱人作恶的企图未必都能达到目的,同样地,企图诱人为善,也未必能够导人于善。总之,人心的善恶,在于每个人内心的努力,并不是他人可以任意左右的。在教化尚未普及的上古时代有善人,智力尚未发达的儿童,多半是诚实的,因此,不能不认为人的本性是善的。德教的最大目的,只在于不妨碍这个善的发展

而已。家庭朋友间的劝善规过，并不是从外部灌输这个人天性中所无的东西，而是教给他怎样排除为善的障碍的方法，使他自己努力来归到自己固有的善而已。所以，道德不是单纯依靠人为的教诲可以造成的，而是由于学者的自修产生的。所谓德行，在本章的开头已经说过，是被动的私德，归根结底，就是要一个人彻底去掉一身的私欲，不贪财、不盗窃、不欺诈、不慕虚名、心地纯洁，为了诚，可以舍弃自己生命的意思，也就是所谓的牺牲精神。牺牲精神当然不是不好，这和那些贪婪讹诈穷凶极恶的不道德行为，是不能相提并论的。但是，在人的品质中，这种牺牲的善心和这种不德的恶心之间，尚有许许多多情况。在前一段中，曾把智德的内容分为四类，若详细分类，那是举不胜举的。恰如把善恶比作极热和极寒的两极，中间不但有春秋，还有薄暑和微寒，冷暖之间有着无穷层次。如果人类能够保全其天性，则早应摆脱极寒的恶心而跃居于高尚的地位了吗？人没有盗诈之心，算得上什么美德？没有盗窃欺诈等恶行是理所当然，根本就不能算是人类的品德。像那种贪吝诈盗穷凶极恶者，徒具人之名而无人之实。这种思想如果存于内心，则必然受到社会的轻蔑，如果表现为行动，则必须用社会的法律加以制裁。总之，因果报应都是十分明显的，可以就是外备惩恶之具，内存劝善之机。然而，现在却只教人以私德，使万物之灵的人类，仅仅努力避免这种非人的不道德行为，并且以避免这种行为当作人生的最高准则，企图只用这种德教来笼络天下人心，反而使人们天赋的智力衰退，这种行为就是蔑视人，压制人，从而阻碍人的天性的发展。人心一旦受了压制，就难以重新振作起来。如“一向宗”之流，以“凡夫”自居，企图依靠他力，以求得极乐的来生，专心致意念诵南无阿弥陀佛六字，除此以外无所事事。汉学家醉心于孔孟之道，除诵读经书以外也无所作为；皇学家信仰神道，除钻研古书以外也毫无用心；洋学家们迷信耶稣教忘了日新不已的学问，除诵读圣经以外也毫无事事；这些都是“一向宗”之流，当然，这些人信其所信，各修一己之德，可以美化人间交际的风气，对社会也是有裨益的，并没有理由责难他们无用。不过，文明事业好比是智德的担子，人人都应分担，只是信教而修一己之德也就是担起了担子的一头，尽到一头的责任，但这只不过是信其所信而已，还难以逃避应作而不作的罪责。这恰似有脑子而没有神经，保全了头而失掉了臂一样。这种人毕竟还不是尽到人类的本分，不是完成了人类天性。

如上所述，私德不是可以依靠他人的力量轻易养成的。即使可能养成，如果不依靠智慧也是徒然的。德和智，两者是相辅而成的，无智的道德等于无德。以下举例证明这个问题。现在的学者为什么笃信耶稣教而认为神儒佛迂阔呢？是因为教有邪正的区别吗？孰正孰邪我不知道，本书的目的也不是要讨论这个问题，所以姑置不论。若就其对人民思想所起的功效来说，耶稣教也未必永远有力量。例如欧洲的传教士到东洋各岛和其他野蛮地区传教，使当地土人改变了宗教信仰的例子，历来已经有不少。然而直到今天，土人依然是旧日的土人，其文明情况根本不能和欧洲相比。一群赤身裸体不知夫妇区别的土人，聚集到教堂，给一母多父所生的孩子举行耶稣正教的洗礼，这只不过是改变宗教信仰的仪式而已。即使偶尔在某一地区有了文明的开端和进步的趋向，这种文明也必然是随着传教士传授的文学技术而进步的，绝不是单纯由于宗教关系而产生的，因此，宗教只能说是表面的仪式。再从另一方面来看，在神儒佛教教育下的日本人民，只是不能称作文明而已，从日本人的心术来讲，不能说全是坏人，也有很多正直的人。从这点看来，神儒佛教不见得没有力量，并不见得只有耶稣教有力量。那么，为什么要说耶稣教对文明有益，而神儒佛的道理迂阔呢？学者的看法似乎前后有些矛盾。假若寻求这种议论发生的原因，并分析他们意见的内容，也许是因为耶稣教是流行于文明国家，可与文明相辅而行，而神儒佛之道是流行于不文明的国家，不能与文明相辅而行，所以才说后者迂阔，前者有利吧。可是，宗教的流行与不流行，并不在于宗教本身的力量强弱，而是在于装饰宗教、为宗教增光的智慧作用巧妙不同而已。西洋各国信奉耶稣教的人，大都受过文明的教育，尤其是传教士，并不是只会读圣经，而且是受过学校教育，具有一定的文学艺术修养的人。所以，以往曾到外国做传教士的人，今天就能在本国从事法律工作；今天在教堂讲道，明天就可能到学校当教师。因为法俗兼备，在传教的同时附带教授学术技艺从而提高人的智慧，因此，才能和文明并行不悖。人们所以重视耶稣教，并不仅仅是信仰其十诫，而是因为传教士的言行并不迂阔而能适合于今天的文明，所以才信仰它。假使耶稣教的传教士不学无术，和我们的山寺和尚一样，即使他的行为端正如圣人，朝夕不停地背诵新旧约圣经，哪个文明人士会信仰这个宗教呢？即或有信仰它的也不过是手数念珠口诵阿弥陀佛的村妪野夫之辈而已。在这类人的眼里，不论耶稣、孔子、释迦和大神宫都没什么区别，甚至把狐狸也当作神佛合掌而拜，听到连意思都不懂的经文，也能感激流泪。对这种愚民，还能施什么教，收到什么效果呢？绝对收不到文明的效果！即便深入到这种愚昧落后的人中，强行传授耶稣圣教，向他们讲经说法，甚至施财诱导他们，也可能逐渐有人相信，但实际上这也不过是在佛教中添设了一个耶稣教派而已。这绝对不符合有识之士的愿望。有识之士的意见，必定是要招聘博学多才的传教士，在学习宗教的同时学习他们的文学技艺，以提高我国的文明。要知道，文学技艺是属于智慧的范畴，传授智慧，不一定非耶稣教的传教士不可，只要向有智慧的人学习就行。那么，认为耶稣教有利，神儒佛迂阔的见解，这岂不是有识之士的误解吗？我并不是厌恶耶稣教传教士，只要是有智慧的，不管他是耶稣教传教士也好，普通的教师也好，并没有爱憎之分，只是欢迎博学多才品行端正的人而已。假使除耶稣教传教士以外，世界上再没有正直的人，当然一切事情只好向传教士学习。但是，耶稣教不见得是正人唯一的所在。广大的世界里，自然也有许多博学正直的仁人君子，任凭人们自由选择，有什么理由非专向耶稣教寻求不可呢？总之，并不是宗教本身有什么利弊，而是由于信教人的智慧高低而其价值有所不同。不论是耶稣教，或者佛教，如果到了愚人手里，只能为愚人所用。今天的神儒佛教正因为掌握在神职僧侣和儒者手里，由他们来教化今天的人民，所以才陷于迂阔。如果使这些人（虽然很难做到）努力学习，用文学技艺装饰他们的宗教，能够使文明人也听其说教，则这个宗教必然立即身价百倍，甚至普遍受到景仰。用比喻来说，宗教如同刀，奉行宗教的人民如同工匠，虽有利刀如果落在拙工手中就没有用处。不文明的人就是有了德行，也不能发挥文明的作用。那些讲德行的识者们，可以就是把工匠的巧拙，误认为是刀子的利钝了。所以说，私

德须依靠智慧才能发扬光大，有了智慧的指导，私德才能卓有成效。如果智德不能兼备，则社会文明就无从设想了。

讨论汲取宗教的得失，虽然不是本章的目的，但因在论述中牵涉到这个问题，只好顺便谈一下。无论要求得到什么事物，总是为了取得我所没有的，或者我所缺少的东西。比方有两个要求、需要决定先后缓急时，应该首先观察我们现有的情况，考虑哪个是我们完全没有的，或二者之中哪个是最缺少的，然后决定其先后缓急。并不是需要这一个而不需要那一个，而是二者都需要，只是应有先后缓急之别罢了。前面已经谈过，文明是一国人民的智德表现在外部的现象。日本的文明，还远不及西洋各国，这是普遍承认的。然而，日本未能达到文明，是因为人民的智德不足，为了达到这个目的，必须追求智慧和道德。这就是目前我国的两个要求。因此，进步的学者必须广泛地观察日本全国情形，衡量轻重，分清孰多孰少，否则，就不能分清先后缓急。无论如何不明智的人，也不会认为日本全国人民道德不足而智慧有余。关于这一点，有很多明显的例子，举不胜举，不过，为了便于说明，下面提出一二例。本来，在日本流行的德教是神儒佛，在西洋流行的德教是耶稣教。耶稣和神儒佛的学说虽然不同，但是，在其以善为善，以恶为恶的主旨上，彼此之间是没有多大差别的。正如，日本认为雪是白的，西洋也就是白的，西洋认为炭是黑的，在日本也是黑的。关于德教问题，东西两洋的学者都在争相宣扬自己的教义，或著书立说，或驳斥异说，迄今仍争论不休。从争论的情况来看，可以证明东西两洋的德教没有多大的优劣。两种力量如果相差悬殊，无法匹敌，根本就争论不起来。从未看过牛和猫角斗，也从未听说大力士和小孩

摔跤，争斗必在双方力量不相上下的情况下发生的。耶稣教是以西洋人的智慧来修饰维护的宗教，所以其精巧细密绝不是神儒佛教所能比拟的。但是，当西洋传教士来到日本，极力宣扬耶稣教，排斥神儒佛，企图争得地位的时候，神儒佛的学者不甘示弱，也著书立说以与之相抗衡，终于形成喧吵争论的局面。这是什么缘故呢？这是因为西洋的德教不见得就如牛和力士，日本的德教也不见得就像猫和小孩，并证明了东西双方的德教是正处在不相上下的地位。谁为高，谁为下，我倒不想过问，但是我们日本人信奉自己的宗教，受这种德教的熏陶，若在私德的厚薄上与西洋人比较，即便不是伯，也必是仲。若离开宗教问题而单从事实来看，在不文明的日本人中可能成伯的，反而会比西洋人多。所以在我国，道德纵然不足，但显然不是燃眉之急。然而智慧方面则完全不同，以日本人的智慧与西洋人两相比较，从文学、技术、商业、工业等最大的事物到最小的事物，从一数到百或数到千，没有一样能高于西洋，没有一样能和西洋相比拟的，并且也没有人敢和西洋较量一番的。除了天下至愚的人以外，没有人会认为我国的学术、工商业可以与西洋列强并驾齐驱的。谁能以排子车和火车相比，又谁能以日本刀和洋枪相比较呢？我们还在流行阴阳五行之说的时候，他们已经发现了六十个元素。我们还在以天文卜吉凶，他们已经制造了彗星历，并进而研究了太阳太阴的实质。我们认为人是居住在不动的平地上，他们已经知道地圆而且是转动的。我们认为我国是至尊的神州，他们已经足迹遍于全世界，到处开辟疆土，建立了殖民地，政令商法之齐备，远比我们优越的东西很多。所有这些问题，按目前日本的情况来看，没有一件可向西洋夸口的。日本值得

夸耀的，并非天然物产，只有山水风景而已，至于发明创造，简直是闻所未闻。如果我们没有同他们竞争的意图，西洋人也不会和我们竞争。西洋人对本国的事情虽然很自负，但是从未听过他们夸耀火车便利，而驳斥排子车不便利，这是因为两者之间的智慧相差太远，像牛和猫一样，是不会发生争端的。由此看来，目前我国所迫切需要的不是智慧是什么呢？这是学者应该深刻考虑的。

再举一个例子。乡村里有一个人物是个旧藩士族。在废藩以前，每年的俸禄有二三百石，事君忠，事亲孝，夫妇有别，长幼有序，举债必还，交友必谨，从未做过亏心事，更没有欺诈盗窃的行为。虽然有时曾仗势欺压过庶民百姓，但认为这是由于成分的关系，是天经地义的事于心无愧。其他如治家勤俭，修身严谨，弓马刀枪百般武艺无一不通，只是目不识丁。这种人现在应该怎样对待呢？是教之以德？还是授之以智？如果对他进行道德教育，突然授以耶稣的十诫，他对于前四条，或许因为这是他生平闻所未闻尚可以接受，但是，听到第五条时，他一定会说，我本来就孝敬父母，我也没有杀人的意图，又怎能做出奸淫和偷盗的行为呢？这样逐一加以反驳，是不会心悦诚服的。当然耶稣的教训，并不仅仅是这十条戒律，必然有其深奥意义。孝敬父母自然有孝敬的方法，不杀人也有不杀人的道理，不奸淫有不奸淫的意义，不盗窃有不盗窃的意义。所以，对他讲解这个道理，能够反复仔细地讲解透彻，也可能使他心里有所感动。但是，关于德行方面，从这个士族平生的行为看来，至少也有相当的心得。然而从另一方面看看他的智慧，可以说完全是空虚的。他也许能辨别五色，但根本不懂天然七色的道理；虽然也能嘘寒问暖，但不懂寒暑表升降的道理；虽然饮食有时，

但不懂钟表的用法；除自己家园以外不知有日本，除日本以外不知有外国；这样的人怎能了解国内的形势？怎能懂得外交呢？只知慕古风，守古法，一家之内恰似一个小天地，眼界所及，局限于家庭之内，从未迈出家门一步，对于世界万物完全是一无所知。废藩一举推翻了这个小天地，今天这些士族已经是到了日暮途穷的地步。如果评论这样的人物，只能说是愚而直，此外没有其他更恰当的评语了。这类愚直的人，不限于旧藩的士族，社会上也有很多这类人，这是众所周知的，也是学者和政府引以为忧的。然而，那些讲德行的识者，为什么还对这些愚民忙于传授耶稣教，想来提高他们的道德，而对他们的智慧却反而置之不问呢？或许在识者的眼里只看见愚而不直的人。但是，社会上愚而直的人仍然很多。识者对于这类人将采取什么办法呢？是否是想使其直的更直，愚的更愚呢？这种做法真可谓不分先后缓急。洋学家们不是常常讥笑日汉古学家的迂阔吗？为什么讥笑呢？无非是责备他们缺乏智慧。但责备别人却自蹈其覆辙，自己的主张，自己又把它推翻，真是糊涂之至。

宗教是随着文明进步的程度而不断变化的。如耶稣教最先是在罗马时代兴起的，罗马的文物虽曾盛极一时，但是从今天的文明水平来看，当时不过是个野蛮无知的社会而已。所以耶稣教在那个时代，能适应人们的智慧，提倡了荒诞的学说，社会上既无责难，也不感觉惊讶，而在几百年之间随着时代的变迁，逐渐获得了人们的信仰。在这期间自然也得到了一种权力，因而控制了人民的思想。这种情形，恰如暴虐政府用专制手段压迫人民群众一样。但是，人类智慧的发展力量好像奔腾的江河急流不可抑制，宗教的权力终于衰微。这就是在16世纪开始的宗教改革。这个宗教改革，亦即排斥罗马天主教，而产生了“新教”(Protestant)新宗派，从此以后两派互相对峙，以目前的形势来看，似乎新教方面逐渐取得了优势。这两个教派，本来是出于一个耶稣教，其信仰的对象也是相同的。但新教之所以兴盛，是因为简化了宗教的仪式，废除了历来的虚妄之说，顺应了近世的人心，符合了知识进步的要求。总之，旧教是浓厚而近于愚顽，新教是淡泊而生气勃勃的，两者的差别只在于此。这可以就是反映了古今人心文化的不同。

如果按上面所述那样，则应该是在欧洲各国文明先进者一定信奉新教，落后的信奉旧教，但事实却绝对不然。例如，现在的苏格兰和瑞典人民很多迷信妄诞之说，远不如法国人颖敏活泼。因此，不能不说苏格兰和瑞典不文明而法国文明。但是，法国信奉旧天主教，而苏格兰和瑞典却信奉新教。根据这种情况看来，在法国如果不是改变天主教教风，以适合于法国人的风气，那就是法国人把宗教置之度外而不加重视。新教在苏格兰和瑞典，也必定要改变它的性质，而适应人民的愚顽情况。很明显，宗教毕竟是随着文明的程度而改变其形态的。

日本也是如此，如从前的“山伏教”和“天台真言宗”，专门宣传不可思议之说。说什么“结水火之缘”，或说什么修“加持祈祷的妙法”等以蛊惑人心，古代人民曾经迷信过这些无稽之谈。但到中古“一向宗”兴起以后，谈论不可思议的就逐渐减少，“一向宗”的教风以简单淡泊为主，适合了中古时代的文明，因此便压倒了其他各个宗派，占了上风。这就证明了，世界的文明如果逐渐进步，则宗教也必定趋向简单淡泊而逐渐合乎道理。假设弘法大师再生于今日，使其再提倡曾经蛊惑古人的不可思议之说，则明治年代的人，相信它的一定极少。所以，今天的人民正适合于今天的宗教，宗教既满足了人民，人民也满足于宗教，双方互相适应。如果今后日本的文明逐渐进步，认为现在的一向宗也是虚诞而摒弃它，则必然能产生另外一种“一向宗”。也许可能把西洋所流行的宗教原封搬来。总而言之，宗教的问题不必多费心思。不论学者竭尽力量，政府使尽权力，也是无可如何的，最好是听其自然发展。所以，企图著书写文章以论宗教的是非正邪，或制定法律以管理宗教的人，可以说是天下的至愚蠢者。

有德的善人，不一定为善，无德的恶人，不一定作恶。从古代西洋各国的历史中可以看到许多宗教战争的例子。其中最严重的叫作“宗教迫害(Persecution)”，也就是杀戮异教徒。古来，在法国和西班牙这种例子最多。据说著名的“巴托罗缪”(Bartholomeu)大屠杀，八天之内就杀戮了五千无辜的人民。(详见拙著西洋情况第二篇法兰西历史)其残酷达到了极点。但是，进行屠戮的本人，本来都是虔诚信仰宗教的，在信仰这一点上，他们是俯仰无愧的，也就是所谓不欺暗室的善人。如此善人竟做出如此大坏事是什么道理呢？这不是私德不足，而是缺乏冷静的理智。如果把权柄授予愚人，任其所为，那么不论多大的坏事，都会做出来的，可以就是人间世界上最可怕的恶魔。此后各国文化逐渐提高，现在再也不会出现宗教迫害这样的事件了。不是古今的宗教有所不同，而是由于文明水平的高低所使然的。同是一个耶稣教，古时，为了这个宗教而杀人；而现在，却用这个宗教来救人，这是什么缘故呢？除了从人的智愚去寻求原因之外，是别无办法的。所以，智慧不仅能

增加道德的光辉，而且还能保护道德，消灭罪恶。不久以前，在我们日本的水户藩中，曾发生正党与奸党的问题，它的根源现在暂且不谈，总之，是由于争论忠义两字而分成两个党派。情况与宗教之争论并无二致，所谓正，所谓奸，并不在于字面的意义，不过是称己为正，称人为奸而已。两党都行忠义之事，如果单从个人的言行来观察，多是赤胆忠心之士。例如，当他们失败时，都能从容就死，毫无懦怯表现，就可以证明他们不是伪君子。然而在近代因意见分歧而残杀无辜人民的，以水户藩为最多，这又是善人作恶的一个例子。

德川家康承乱离之后，栉风沐雨，历尽千辛万苦，奠定了三百年的太平基业，使天下安如泰山，直到今天，无人不称其丰功伟业。回想当足利末期，国内纷扰之际，织田、丰臣等虽然战功显赫，仍未能平定大局，如果没有家康力挽狂澜，不知几时才能太平！的确，家康不愧为开辟三百年太平的父母。然而，如果论其私人道德，却有不少令人不齿之处。例如他违背太阁的遗命，有意不守大阪；不仅不遵照遗嘱辅佐秀赖，反而养成其放荡昏庸；应铲除石田三成而不铲除，故意留下以为后日打倒大阪的媒介等，都说明他具有最大阴谋。从这一点来看，在家康的身上，似乎没有一点道德。然而，由于这种不德却奠定了三百年太平基业，拯救了全国人民免遭涂炭，这不是千古奇谈么？再如赖朝也好，信长也好，如果从其个人的行为来论，则有很多残忍、刻薄、伪诈和反复无常等罪恶的行为。但是，他们都能制止一时的纷乱，化干戈为玉帛，减少了人民的死亡，这是什么缘故呢？这就证明恶人不显得不能做善事。总之，这些历史英雄在私德方面虽有缺点，但他们都是以聪明睿智的才能完成了大善事的人物。所以，不能单看一点瑕疵而评论全璧的价值。

总括以上所论，道德只是个人行为，其功能涉及的范围是狭窄的，而智慧则传播迅速，涉及的范围广泛。道德规范一开始，就已经固定下来，不能再有进步，但智慧的作用，却是日益进步永无止境的。道德，不能用有形的方法教诲人，能否有德，在于个人的努力。智慧，则与此相反，有各种试验方法可以识别人的智愚。道德有突然的变化，智慧则一经掌握就永不丧失。智德必须互相依赖才能发挥其功能，也就是说，善人也有作恶的，恶人也有行善的。道德的传授，虽然没有有形的方法，劝诫的范围也局限于亲族朋友之间，但其风化所及却非常广泛。有阅读万里以外出版的著述得到很大启发的，也有听到古人的言行，进行自修，因而改变了心术的，所谓闻伯夷之风而立就是如此。作为一个人，如果不蓄意害人，就可不修养自己的道德么？不为名，不为利，这原是人类应有的道德。为了防止自己产生恶念，应该像勇士之对敌作战，像暴君之压制人民，努力克制，见善勇为应像守财奴之贪得无厌。这样，既能修养一身，又可教化一家，如果尚有余力，还可推己及人，引导众生进入道德之门，以扩大道德的领域。道德不仅是人类的天职，而且具有促进文明的巨大功能，所以世上的传教士劝善讲道，的确是件好事。但是，如果仅以道德为幌子，企图笼络天下人心，甚至在德教之中别立门户，企图排斥异己独霸世界教权，并且还侵犯智慧的领域，把人类的神圣天职局限于德教一事，而且在德教中“只此一家并无分店”，企图以此束缚人们的思想，限制人们的自由，把人们置于无为无智的境地，而扼杀真正的文明，这是我所最反对

的。用被动的私德促进世界的文明,造福于世人,这只能是偶然的美事而已。譬如在自己的土地上建筑房屋,偶然成为邻家的墙壁,对邻人虽然极其方便,但建筑房屋原是为自己,而不是为了邻人,只能说是无意中给人家带来方便而已。修养私德,本来也是为自己,而不是为他人,如果是为他人而修德,这就要成为道德家所讨厌的伪君子了。所以,道德的本分是在于修身,修身而有益于文明,只是偶然的美事。企图依靠偶然的事物来支配一世,可以说是极大的错误。人生在世,不能以独善其身为满足。试问,有德的君子,每日的衣食所需从哪里来呢?上帝的恩泽虽然宏大,但衣服不是山上生长的,食物不是天上掉下来的。况且世界文明不断进步,因而它的好处也不止于衣服饮食,还有蒸汽机电报以及政令商贾的好处等等,所有这一切没有一个不是智慧的惠赐。根据人权平等的道理,根本不应该有坐享其成。如果有德的君子可以像瓢瓠那样挂起来不吃饭,那就不在话下了。否则只要吃饭穿衣,只要还希望利用蒸汽机、电报以及政令商贾的好处,就应承担一定责任。即使物质享受已经满足,个人私德已经修好,也不应该苟安于现状。所谓满足,所谓修好,仅仅是在目前的文明情况下而言,显然尚未达到登峰造极。人的精神发展是无止境的,造化的奥妙是有规律的。以无限的精神研究固定的道理,终于会把天地间的万事万物,不分有形无形毫无遗漏地包罗在人的精神之内。如果到达这个境界,区区智德的界限还有什么值得讨论的!这正是"人天并立"的境界,天下后世终有一天会达到这种境界。

第七章　论智德的时间性和空间性

讨论事物的得失利弊,必须考虑它的时间性(时代)和空间性(地点)。车辆适用于陆地,却不适用于海洋,适用于古代的东西,却不适用于今天。反之,今天认为最好的东西,却有许多不适用于古代。倘若离开了时间和空间,则任何事物可以说都是有用的,也可以说都是没有用的。因此,讨论事物的得失利弊,即等于分析事物所适应的时间和空间。换句话说,只要适应时间和空间,任何事物也就不完全存在得失的问题了。中古时代发明的长枪,虽然适用于古时的战斗,却不适用于明治年代。东京的人力车,适用于东京市,却不适用于伦敦和巴黎。战争固然是坏事,但对敌人却不能不战。杀人固然违反人道,但在作战的时候就不能不杀人。君主专制的暴政固然可鄙,但看到彼得大帝的业绩,就不能厚非。忠臣义士的行为固然值得赞扬,但不能因此就认为无君主的美国是野蛮。这是时间不同和地点不同的缘故。总之,天地间没有贯穿一切事物的道理,只能是随着时间和空间来进行观察。

观察时间和空间是一件极困难的事。自古以来,历史上的失败者,都是弄错了时间和空间;所谓成大功立大业的,都是善于适应时间和空间的。那么,为什么观察时间和空间会有困难呢?这是因为空间上有很多类似之处,时间上有先后缓急之分。譬如,亲生子和养子相似，但如以对待亲生子的方法对待养子，结果会铸成大错；或因马和鹿相似，便用饲养马的方法饲养鹿，结果便会失去鹿。其他如把神宫误为寺院，把灯笼误为吊钟，或把骑兵用于沼地，把重炮牵引于山路，或误认东京为伦敦，而想把人力车用于伦敦等等，诸如此类的失误是不胜枚举的。其次就时间来论，中古时代的战争和现代战争虽然相似，但是却不能把中古时代被认为是优良武器的长枪应用于现代战争。所谓"时机已到"，往往是真正时机已经过去的时候。开饭的时间是指吃饭的时候，而煮饭的时间一定要在开饭的时间以前。往往饭尚未煮而感到饥饿，并喊时间已到，但是，这个时间只能是吃煮成的饭的时间，而不是煮饭的时间。又如贪睡到三竿才起，便认为起床的时刻是早晨，但真正的早晨是日出的时刻，这个时刻早已在睡眠之中过去了。因此，必须选择地点，不可错过时机。

前章曾提到智慧和道德的区别，论述了其功用的不同。本章将讨论智慧和道德的时间性和空间性。在开天辟地刚脱离野蛮未久的时代，人类的智力尚未发达，其情况恰如婴儿，内心存在的，只有恐惧和喜悦的感情。对于地震、雷霆、风雨、水火无一不感到恐惧。怕山、怕海、怕干旱，怕饥馑，凡是当时的人智所不能控制的事物，一概称作天灾，无一不感到恐惧。倘使这种天灾没有来临，或者来临而迅速地过去，这就称作天幸。比如，久旱之后逢甘雨，饥馑之后遇丰收，便感到无比的喜悦。天灾天幸的来去，对人民来说都是莫名其妙的，所以一概归之于偶然，从来没有运用过人为的努力加以克服。既然不尽人力，一旦遇到祸福，就自然要把其原因推到人类范围以外。这就是鬼神思想所以产生的根据。因此，便把祸的根源称做恶神，把福的根源称做善神，认为天地间的一切事物，莫不有鬼神在主宰。日本人所说的，“八百万神”就是如此。向善神祈求赐福，向恶神祈求避祸，这种祈求能否如愿以偿，并非取决于人为的努力，而是决定于鬼神的力量。称这种力量为神力。请求这种神力的扶助叫作“祈”。这就是当时流行的祈祷。

人们感到恐惧或喜悦的事情，不仅是天灾和天幸，在人事上也是如此。因为当时不文明的社会，弱者受到强者的暴力欺压，也不可能据理力争，只有一味感到恐惧而已，这种情形，几乎和恐惧天灾没有两样。因此，弱者除依靠另一强者以抗御强暴以外，没有别的办法。接受这种投靠的人叫作酋长。酋长由于具有膂力和兼有少许智德，便可以抗击其他强暴，保护弱小。保护得越好，威信也就越高，终于掌握了一种特权，或者可以把这种特权传给自己子孙。世界各国，在蒙昧之初，莫不如此。如日本在王政时代，天子执掌国家大权，中古时代源氏称霸于关东，就是例子。酋长虽然取得了权势，但是野蛮人反复无常，维持这个局面非常困难。既不能以高深的道理来晓谕，又不能用长远的利益来开导，为了统一方向和共同保持一个民族的体制，只有一个办法，即利用人们与生俱来的恐惧和喜悦的心理，指出当前的祸福灾幸。这就叫作君主的恩威。大约就是这样定出了一套“礼乐”之法来教化人民。“礼”就是以尊敬长上为主，使人民自然地知道君威的尊贵；“乐”就是在默默之中和谐愚民，使其自然产生景仰君德的感情。以礼乐征服人民的思想，以征伐制服人民的膂力，使民众在不知不觉之中各安其所，褒扬善者以满足人民的喜悦心情，惩罚恶者以警戒人民的恐惧心情，如此恩威并用，人民便似乎感觉不到痛苦了。然而，不论褒

扬或惩罚，都是由君主决定的，所以人民遇到褒贬，也只是恐怖或喜悦，并不知道褒贬所由来。这种情形，恰如遭受自然的灾害，或遇到偶然的幸福一样，同是莫名其妙的，认为一切事物都是出于偶然。这样，一国的君主既然成了祸福的主宰，人民也就自然把君主当做超人来景仰了。中国尊崇君主，把君主称为“天子”，可能就是由此产生的。譬如，在古代历史里，往往有豁免农民田赋之举。然而，不论政府如何节约，总不能缺少帝王宫廷的衣食住的一切费用和若干公费，数年不征税，经费依然不缺，说明历年的横征暴敛，浮存甚多。人民当初缴纳重税，既不知为什么缴纳，现在突然数年不纳税，也不知道为什么豁免。在税重时，便认为是天灾而恐惧，在免税时，便认为是天幸而喜悦，不论祸福都认为是降自天子，仿佛认为天子具有雷霆和避雷针这两种力量。打雷是天子的命令，不使受雷殛也是天子的命令，人民对他只能进行祈祷祝愿。尊崇天子如神佛，也是不无道理的。

如果以现代人的思想来看上述情况，似乎是极不合理的，但这是时势所使然，没有理由苛责他们。对于那个时代的人，既不能讲智慧，又难以制定法制来共同遵守。譬如，在尧舜时代，如果想施行现代西洋各国的法律，就一定没有人能理解它的意义而恪遵的。人民不遵守法律，并非不守法，而是因为没有相当的智慧来理解这些法律的意义。如果放纵他们为所欲为，则不知要做出多少坏事，给社会造成多少灾害。唯有身为酋长者，能善察时势，以恩惠使人喜悦，用威力使人慑服，对同一种族的人民，视同一家的子弟，加以保护和照顾。酋长的职责大自生杀予夺的刑罚，小至日常家务琐事，无所不管。那时，天下如同一个家庭或一个课堂，君主就如同父母或教师,君主的恩威神妙而不可测,一身兼有父母、教师和神佛三种职责。在这种情况下,国君如能克制私欲,虚心修德,纵令智慧不足,也能获得仁君明主的称誉,造成所谓“野蛮的太平”。在那个时代,也只能这样,这不能不说是好事,唐虞三代之治,就是如此。反之,只知使用威力以逞其私欲而不施德政的,就叫作暴君。在这种“野蛮的暴政”之下,人民连生命也岌岌可危。总之,在野蛮时代,人与人的关系,只有恩威两方面而已。不是恩德就是暴虐,不是仁慈就是掠夺,在这两者之间,根本看不出智慧的影子。古书上所谓“道有二,仁与不仁而已”,就是这个意思。这种风气不仅表现在政治上,连在私人的品行上也形成了两个极端,界限非常分明。试看中日古书,不论是经书或是史书,凡是论道而品评人的品行时,皆以道德为标准,如仁和不仁、孝和不孝、忠和不忠、义和不义,都是针锋相对的,不是伯夷就是盗跖,不是忠臣就是贼子,两者之间没有智慧活动的余地。偶尔遇有发挥智慧的行为,也认为是细行末节不加重视。由此可以证明,在未开化的野蛮时代,支配人间关系的,唯有道德,此外,没有任何可资运用的了。

随着人类文化逐渐发展,智力不断进步,人心也产生了怀疑,对于宇宙事物,不肯轻易放过,看到事物的作用,就要追究其根源。既然产生了怀疑,即使不能找到真正原因,也能根据其作用的好坏,想办法趋利而避害。例如,为遮避风雨之害而建筑坚牢的房屋,为防止海河泛滥而修筑堤坝,为渡水而建造船只,为防火而使用水,制药以医病,治水以防旱,逐渐到达依靠人力创造安居乐业的环境。既然懂得用人力创造环境的方法、则恐惧天灾的愚昧思想也就逐渐消失,对于一向崇拜的神力也就失去了信仰的一半。

所以,智慧前进一步,勇气也增长一分,智慧愈进步,勇气的增长也就越无止境。试看,今大西洋文明的发展情况,宇宙万物凡五官所能感觉到的,都要研究它的性质,查明其作用,然后进一步探索其作用的根源,即使一利可取亦必取之,哪怕有一害应除亦必除之,凡是人力所能及,莫不尽力而为之。太平洋的波涛虽险恶,利用水火制造的汽船可以横渡;阿尔卑斯山虽高,劈山开路可以行车;避雷针出现以后,雷霆再也不能逞凶,化学研究逐渐奏效,饥馑亦不能饿死人了;电力虽然可怕,而利用电力可以代替驿马信差;光线的性质虽然微妙,而可以摄影传真;如有风浪为害,可筑港湾以护船只;遇有传染病患流行,则可设法预防或将其隔离。总而言之,人类的智慧已经战胜自然,逐渐冲进了自然领域,揭开了造化的奥秘,控制它的活动,而使其就范,为人类服务。可以说智勇之所向天下无敌。既然人能制天,又能使天为人服务,又何必恐惧而崇拜它呢?有谁再去朝山、拜河呢?山泽、河海、风雨、日月之类,不过是文明人的奴隶而已。

既然人能驯服自然,使其听从人的驱使,为什么独独屈服于人为力量而听其摆布呢?人类智力逐渐提高,对人与人的关系方面,也开始探索它的作用及其根源而不予放过。于是,圣贤之言,也不足全信,经典之教也不无可疑,尧舜之治也不足景慕,忠臣义士的行为也不足为典范。古人是在古代做古代事的人,我们是在现代做现代事的人。何必学习古代而施用于现代呢?明白了这些道理,自然胸怀开阔,仿佛天地之间没有任何东西能妨碍我心的自由。既然获得了精神的解放,又何必受身体的束缚呢?既然暴力失去了权威,智力逐渐占据了上风,二者已不再是势均力敌,那么,在人与人之间的关系上，发生旦夕祸福的情形也减少了。从此社会上如有横行霸道的，就可以用道理来说服他，如果仍不接受，可团结群众的力量加以制裁。既然可以以理制暴，则以暴力为基础的名分关系也就不攻自破了。因此，所谓“政府”，所谓“人民”，只不过是名义不同，职业不同而已。在地位上，不应该有高低的区别。政府保护人民，制裁强暴，扶助弱小，都是其应尽的职责，并非分外的功劳，这无非是符合于社会分工的精神罢了。再者为国君者自修其德，欲以礼乐征伐以示恩威时，人民首先应认识国君为何物，分析其恩威的实质，不应接受的私恩就应予以拒绝，不应恐惧的暴威，就不要恐惧，丝毫不取，丝毫不予，只根据道理为其所当为而已。有智力的人能自己掌握自己，恰如恩威行于自身，而不必仰赖他人的恩威。譬如，为善则能获得心情愉快的赞誉，了解为善之理，所以自然而然地为善，既非谄媚他人也非景慕古人；作恶则内心要受到羞耻的惩罚，知道不应作恶之理，所以才不作恶，既非畏惧他人也非恐惧古人；何必仰赖偶然人为的恩威而有所恐惧或喜悦呢？如果向文明人士询问政府和人民的关系，必然得到如下答复。国君，也是同样的人，不过由于偶然的诞生而登上了王位，或者由于一战功成而跃居政府之上而已。国会议员，本来是经我们选举任用的全国人民的公仆，何必听从这些人的命令而改变自己的道德品行呢！政府是政府，我是我，关于我自己的私事，一点也不容许政府干预！又如兵备、刑典、惩恶等法律，对我来说，都是无用的东西。为此而纳税，并非怪我，不过因为居住在坏人多的社会上，不得不这样做，实际上所纳的税不过是白送给了坏人而已。何况政府为了管理宗教和学校，指导农工商的经营，甚至指点日常家

务，或者为了向我们劝善和指导谋生的方法，而要我们出钱纳税，那更是没有道理。哪有向人屈膝请求他来对自己劝善的呢？谁肯出钱哀求无知识的人指教自己谋生之道呢？文明人士的心情大抵如此。向这些文明人施行无形的德化或以私人的恩威来使其顺从，岂不是徒劳无益？固然按目前世界的情况，不论哪个国家的人民，并不全是有智慧的，然而，距离原始时代愈远，这个国家的文化只要不退步，人民的智慧必然会提高和普及。所以，纵然人民积习甚深，习惯于仰赖君主的恩威，勇气也非常不足，但是，每一接触事物，就会产生怀疑。譬如，称一国的君主为圣明，其实往往并不圣明，口头上说爱民如子，其实是，这个为民父母者在和赤子争执税额的多寡，父母掠夺赤子，赤子欺骗父母，常常闹得丑态百出，令人作呕。处在这种情况下，即使中人以下的愚民，也会怀疑其言行之间的矛盾，纵然不进行反抗，也不能不对其措施表示怀疑。既然产生了疑心，则信仰依赖的心理就会烟消云散，所以，再用德化当作御民的妙法就行不通了。这可以从历史上得到证明。不论在日本、中国或西洋，所谓善于治国的圣明君主都是出于上古时代。日本和中国，直到近代，虽然还在盼望圣明君主出现，但始终不能如愿。西洋各国，自从公历十七八世纪以后，仁君逐渐减少，到了19世纪，不仅仁君，就是智君也不见了。这不是由于国君一族的道德衰微，而是因为人民的智德普遍提高，君主失去了炫耀仁德的场所。譬如说，西洋各国，现在即使出现了仁君，也不过是像月夜打灯笼而已。所谓仁政，如果不在野蛮不开化的时代，是不会起作用的；所谓仁君，若不面对着野蛮不开化的人民，是不能显其尊贵的。私德是随着文明的进步而逐渐丧失其权威的。

道德虽然是随着文明的进步而逐渐丧失其权威，但这并不等于社会上的道德分量减少了。随着文明的进步，智德同时都增加了分量，把私扩大为公，将公智公德推广到整个社会，逐渐走向太平，谋求太平的方法越进步，争斗的问题就会越来越少。真正达到了太平盛世，就没有人再去争夺土地，贪财好货，更不会有争夺皇帝宝座那种卑鄙行为了。到那时，君臣的名义这类东西早已被人遗忘，就连儿童在游戏中也不会提到它。战争消灭了，刑法也废除了。政府已经不再是惩治坏人的工具，而是为了管理事务，研究如何节省时间、劳力而设置的。社会上没有违约背信的人，借据只不过是为了备忘，并不是拿它作为日后诉讼的证据。社会上没有盗贼，门窗并不需要锁钥，只是为遮避风雨和防止猫狗的进入。由于路不拾遗，警察只是忙于捡拾遗物和寻找失主。不制造大炮而制造望远镜，不建筑监狱而建筑学校，士兵和罪人的形象，如果不是从古画或戏剧上看到，简直是不可想象的。家庭内彬彬有礼，不需要听传教士的说教。全国如同一家，家庭如同教堂，父母如同教主，子女如同教徒，全世界的人民恰如被礼让的风气所抱拥，又如同沐浴在道德的海洋。这就是“文明的太平”。经过几千几万年以后是否真能达到这个地步，非我所知。这固然是一个梦想，但如果真能用人力达到这种高度太平的境界，则道德的功用可以说是宏大无比了。所以说，私德在野蛮的原始时代，其功用最为显著，随着文明的进步，逐渐丧失权威，而转化为公德，想象数千万年以后文明达到顶峰时，则又可普遍地蒙受其德泽。

以上讨论的是道德的时间性。下面再谈谈其空间性即地点的问题。“野蛮的太平”既非我之所欲，期待几千万年以后的“文明的

太平”，又不过是迂阔之谈。因此，根据目前文明的情况，区别道德所能实现的地点及其不能实现的地点，是研究文明问题最重要的关键。本来，一国人民，距离野蛮时代愈远，就应该愈能明了这个区别。但是，有很多无知的人，往往不了解这个道理，而大大地弄错目标，企图在野蛮的太平状态下，直接达到文明的太平。比如，一些研究古学的人们，生活在现代而向往古代，其原因就是弄错了这种区别和顺序。这样做法，简直如同缘木求鱼，无梯登屋。因为他们心里所想的和实际所作的总是互相矛盾，所以他们不仅不能公开地对别人讲自己的思想，而且自己也不能回答自己的问题。心情错乱思想纷纭，一生陷于混沌糊涂之中，摸不着方向，随建随毁自论自驳，如果用加减乘除之法计算其一生事业，简直就等于零，岂不可怜！这种人并不是实行道德的人，只能说是道德桎梏下的奴隶。其理由如下：

夫妇父子同居一家，谓之家庭。家庭之间以感情相结合，物无定主，授受无常规，失之不足惜，得之不足喜，无礼貌不受责备，即使笨拙也不以为羞耻，妻子的满足即为夫父的喜悦，夫父的痛苦，即为妻子的忧愁。或者薄待自己而厚待家人，看到家人的满足，自己才觉得愉快。比方说，爱子患病正在痛苦之际，如果有人有办法能把病苦分给父母使爱子减轻痛苦，则天下父母心，必宁愿牺牲自己的健康来救治子女。总而言之，在家庭间，既没有维护私有制的思想，也没有只顾个人面子的想法，甚至贪生怕死的意识也没有。因此。家庭间既不需要规则，也不需要契约，更不需要权谋策略，即使想用也没有施展的余地。智慧仅用于处理日常家务，一家之内，是完全依靠道德实现风化之美的。

如果血缘关系稍远，情形就稍微不同。兄弟姐妹比夫妇父子疏远，叔侄比兄弟更远，到了堂兄弟便疏远如外人了。血缘愈远，相互间的情感也就愈淡薄。因此，兄弟成家立业以后就各有私产，至于叔侄、堂兄弟之间更不用提了。再如朋友之交，也有志同道合情谊深厚的，所谓刎颈之交、莫逆之友，其情谊之深厚，几乎与父子兄弟相同。然而在现阶段的文明情况下，这种友谊范围非常狭窄，几十个朋友能够长期保持深厚友谊的例子，在古今的历史上还没有见过。又如世上有君臣的关系，其情分也有如家属骨肉一般，同甘苦、共患难，甚至精忠的忠臣，还有所谓大义灭亲以效忠君主的。关于这一点，古今舆论总是完全归于君臣的情谊，而不再去寻求其他原因。实际上，这种论调，完全被君臣的名义所蒙蔽，只看表面，未能了解具体事实。倘用另外的观点去究明事实，一定会发现其他更大的原因。这个原因是什么呢？就是人类天赋的“党派性”和那个时代所流行的“风气”。最初君臣的人数极少，例如北条早云携部属六人杖剑东来时，他们的情谊必然十分深厚，甚至比父子兄弟还要亲密。但是，在据有一州一国之后，臣属的人数逐渐增加，到了君位依次传于子孙后代以后，君臣的关系就不像当初那样亲密了。这时，君臣都争相宣扬祖先的创业情形，君主企图借臣属的力量来保持其家统，臣属则尊崇皇室的系统而甘为其奴仆，这样自然而然地形成一种党羽。一旦发生事变，就竭尽全力来保护皇室，同时也取得一己的利益。有时因根据当时的风气可以建立功名于一世，甚至还要粉身碎骨。但并不见得这样君臣之间存在着“刎颈”之交。正如忠臣义士所说的那样，“社稷为重，君为轻”，如果认为君主昏庸无道，即便是唯一的君主，也有用非常手段来处置他

的，这就不能就是有深厚情谊了。又如在战场上阵亡，或因城陷而剖腹自杀的，多半是由于当时风气所使然，认为如果不牺牲生命就不能保全武士的体面，于是为了自己的名誉而自尽，或者因为感到逃生无望而一死了之。据太平记所载，镰仓幕府的北条氏灭亡时，元弘 3 年 5 月 22 日，在东胜寺随北条高时一同自杀的将士有八百七十余人，此外同宗受惠之辈，听到这个消息而殉死的，全镰仓共有六千余人。北条高时究竟是怎样的仁君，能获得这六千八百臣属亲如父子手足的情义呢？这是绝对不可能的。由此可见，不能根据阵亡和剖腹人数的多寡来衡量其君德的薄厚。不论为暴君而死，或为仁君而牺牲，真正激于君臣之情而舍身者，是寥寥无几的。原因尚不在此。所以在君臣之间，道德的功效也是极其有限的。

设立救济院和医院救济穷人，固然是道德仁慈之举，但这并不是由于穷人和施主之间有什么交情，而是由于一方面富，一方面穷，才产生了这种事业。施主固然富而且仁，但是受施者只知其贫穷，至于德与不德则无从知晓。对一个人不详细了解，就不能和他交往，所以扩大救济事业，并不是要和多数人交往，只是仁者散发余财，借以自慰本身的道德良心而已。施主的本意并不是为了他人，而是为了自己。所以，救济事业固然是值得称赞的善举，但是，救济事业的规模愈大，时间愈久，则穷人势必把救济认为理所当然，而不以施舍为德，如果所得的比以前减少，反而会抱怨施主，这种情况简直是花钱买怨。在西洋各国，关于救济问题，在识者之间有很多议论，对其利弊尚未得出结论。但是归根结底，赠予的方法，除了解受赠人的情况人品和直接赠送以外别无他法。这也是道德不能广泛地施行于社会的一个例证。

根据上述情形看来，能够充分发挥道德的力量，而丝毫不受阻碍的地方只有家庭，一出家门，似乎就一筹莫展了。但是俗语说，“家庭之间是天下太平的模型”，这就预示了在几千年或几万年以后，必会出现“天下一家”的局面。同时，世界上的事物是变动不居进退无常的，就今天的文明情况来看，不能不说它是正在前进过程中。因此，即使前途是千里迢迢，只要向前迈进一步，就是前进一步。切不可畏惧前途遥远，而裹足不前。以现在西洋各国的文明和日本的文明相比，也不过是一步之差，学者议论的目的也只是为了争夺这一步而已。

本来，道德只能行于人情所在的地方，而不能行之于法制的领域。法制的效能虽然也能达到人情的目的，但是从它所表现的形态来看，法制和道德似乎是完全相反，互不相容的东西。法制还有两种区别，有以维持事物秩序的法制，有防止人作恶的法制。违反前者是人的过失，违反后者是人的恶念。这里所讲的法制，是指以防止人作恶为目的的法制，希望学者不要误解。譬如，为了家庭的生活有个秩序，也可以订立家人必须在早晨六时起床、晚上十时就寝的规则，但这不是为了防止家人的恶念，也不因为违反这个规章就以罪人处理，只是为了全家人的生活方便协商订立的规则，所以并不需要写成书面条文，只是由全家自觉遵守而已。此外，感情亲密的至亲好友之间的金钱借贷也是如此。然而，在今天的社会上虽然有普遍施行的文书、契约、政府的法律和各种国际条约其中有民法刑法之分，以及为了同时也包括不少维持事物秩序的规定，但从其一般用途来看，显然都是防恶的工具。因为一切法律的精神都是把利害得失同时提出，使人按照自己的意愿去选择。例如，盗

窃千两黄金者处以十年徒刑，违约过期十日者罚金百两。这样，把千两黄金和十牢徒刑，以及百两罚金和违约十日的利害得失同时提出，使人根据自己的意愿选择认为有利的方面。其目的既然如此，可见丝毫不存在道德精神。这种情形，正如把食物摆在饥饿的猫狗面前，而从旁举起棍子威吓着“要吃就打”一样。所以，单从形式上来看，这中间绝对没有人情存在。

为了彻底分清实现道德的场所和施行法制的场所的区别，举例如下。假设这里有甲乙二人借贷金钱。二人亲密无间，贷者既不以贷与为德，借而不还，也不抱怨。交情之深几乎不分你我，这种交情，完全是以道义为基础的。或者也约定归还期限和利率，并为了备忘还把它写在纸上交给贷主，但其交情仍然没有超出道义的范围。但如果在这字据上盖章，贴上印花，或有保人甚至还索取抵押品，这就超出了道义的范围，双方只是根据法律办事而已。这种借贷关系，是因为不能相信借者是否守信义，只好把他当作不守信义者，如果到期不还就找保人，再不还就向政府控告，请求裁判，或没收抵押品。这就是把利害得失同时提出，和举起棍子吓唬狗的办法。所以，根据法律处理事物的地方，就丝毫不存在道义的影子。不论政府和人民之间、会长和会员之间，卖主和买主之间，债主和债户之间以及在收费教学的教师和学生之间，凡是根据法制相处的，就不能称作道义的结合。譬如，有两个政府官吏，某甲非常关心公务，勤恳办事，劳累得下班回家后几乎不能安眠；某乙则不然，每天喝酒冶游，不关心公务，然而某乙从早晨八点上班到下午四点下班的办公时间内，也非常勤勉，其工作效果和某甲相似，该说的就说，该写的就写，从未贻误公务，这样谁也不能责备他，而

某甲的勤恳也显露不出来。又如人民缴纳租税，如果政府不催促，就可以不缴，或用赝币缴纳，如果被收下即为经收人的过失；相反地如果错误地多缴了税款，即为纳税人的倒霉。卖主欺骗，一经购买，即为买主的损失，相反地卖主多找了钱，一经交清，卖主即吃了亏。借钱给人，如果丢失了借据，即为债主的损失。兑换票据，如果过期，即为票据持有者的损失。拾物隐藏起来，如果无人知道，即为拾者的便宜，甚至偷窃他人的东西，不被发觉，盗贼就得了便宜。从这些情形看来，今天的社会完全成为坏人聚集之所，丝毫看不到道义的痕迹。只是依靠无情的法律勉强维持事物的秩序罢了。本来内心充满着恶念，但是受到法律的限制，而不敢见之于行动，走到法律所允许的边缘则不得不停下来，正如在锋利的刀刃上行走一般。多么可怕！

人心如此卑鄙，法律又如此无情，从其外表骤然看来，的确令人吃惊，但是进一步考察产生这种法律的原因，以及它给人们带来的好处，则绝不是无情的，而是今日世界上最完善的东西。法律虽然是为了防止作恶而制定的，但并不是因为天下都是恶人才制定的。因为善恶混淆不清，才制定法律以保护好人。在一万人之中难保没有一个坏人，所以在一万人之中所施行的法律，也不能不按照制服坏人的目的来制定。正如鉴别赝币一样，如果担心一万圆里有一圆赝币，就不得不把一万圆全部点检一遍，因此，在社会的交际中，即使法律日益繁多，法律的形式似乎无情，但不能因此而轻视法律。相反地，应该愈加把它巩固起来，愈加严格遵守它。就目前的情况而论，促进世界文明的工具，除了法制以外并无其他更好的办法。厌恶事物的外形，而抛弃其实际效能，是智者所不为的。为防止坏人作恶而制定的法律，并不妨碍好人为善。在法律繁多的社会里，好人依然可以毫无限制地为善。不过为天下后世着想，唯有希望日益繁多的法律，能够逐渐丧失其作用。这大概是数千年以后的事，因此，没有理由因为期待数千年的将来，而摒弃目前的法律。必须考察时代的沿革，在从前野蛮不开化、君民一体、天下一家的时代，可以约法三章，并且，仁君贤相关怀人民、忠臣义士舍身以报君王，万民齐受君王之德化，上下各得其所，都是以人情为主，以德导致了太平，根本不依靠法制。这种情况乍一看来，似乎值得羡慕，其实在那个时代，并不是蔑视法制而不用，却是想用而无处可用。反之，随着民智逐渐发达，世事也逐渐繁多，事务复杂，法制也必随着增多，并且随着民智的进步，破坏法制的方法，自然也日趋奸巧，因而，防范的方法也不得不愈加严密。举例来说，在从前，由政府制定法律以保护人民；而在今天，则是人民制定法律防止政府的专制，以保护自己。如果用古人的眼光来看，似乎是冠履倒置，纲常扫地，但稍微把眼光擦亮，眼界放宽，就可以发现现在自有其颠扑不破的道理，不论政府和人民双方都没有丧失体面的顾虑。在如今的世界里，要想发展国家文明，保持国家独立，这是唯一的方法。人类智慧随时代的进展而提高，正如儿童之成长为大人。在童年时代做的自然是儿童的事，喜怒哀乐之情也与大人不同。但是，随着岁月推移不知不觉成长为大人。曾经喜爱的竹马，如今已不足以为乐，曾经恐怖的鬼怪故事，如今已不足惧，这是自然的道理。即使儿童有些痴愚，也不必深咎，因为儿童在童年时代做出儿童的事，原是合乎规律的，所以不应要求过高。不过儿童众多的家庭，由于家庭照顾不过来，不能和邻居相比而已。现在这个儿童已经成长，这难道不是家庭的幸事吗？如果因为他从前是儿童，现在却硬要把他当作儿童，拿竹马给他玩，讲鬼怪故事吓唬他，甚至把从前童年的言行，作为今天大人的规范，如果不按照这个规范行事，就责备他狂妄不逊，类似这种情况，就是弄错了智德的时间性和空间性，只能招致削弱家庭的恶果。

即使有人认为法制的精神是无情的，遵守法制者的思想也是卑鄙的，但是，无论如何法制对人仍然有很大益处。譬如，有这样一条规定：拾物归还原主，应将所遗失的东西折半赠给拾物人。如果有人拾了失物，只是为了获得折半之利而交还失主，这种思想固然很卑鄙，然而，如果因为这个规定太卑鄙而废除，则社会上的遗失品，将永远不能归还原主。因此，折半的法律以道德来论，是不值得欢迎的，但却不能不称它是文明的良法。还有，在商业上，有贪图眼前小利而丧失廉耻的，这叫做奸商。例如，日本人在制造生丝、蚕纸时，为了贪图一时的小利，采取了不正当的行为，结果降低了国产品的声誉，长期地损失了全国的大利，即奸商本身，也必遭受损失，这就是名利两失。与此相反，西洋各国的商人，交易可靠，童叟无欺。例如出示一寸见方的样品，然后出售几万匹的布疋，从来没有与样品不符的。买主也不必一一开箱检查，便可安心收货。从这些情形看来，好像是日本人不诚实，而西洋人诚实。但是如果仔细研究一下，就可知道并不是西洋人心诚实，日本人心不诚实，而是西洋人企图扩大商业范围，以获得长远的高额利润；如果不诚实，恐怕影响日后交易，而自己堵塞了利润的来源，所以不得不诚实。这不是由衷的诚实，而是算盘上的诚实。换言之，就是日本人的气魄小而西洋人的气魄大。然而，不能因为西洋人是卑鄙的贪

婪的诚实，而学习日本人那种露骨的不诚实。不论为欲或为利，必须老老实实遵守商业的法规，只有遵守法规才能进行交易，从而促进文明的进步。在现代的人类世界上，除了家庭和亲友之外，不论政府、公司、买卖、借贷、一切事物莫不依据法规办事。法规的形式或许有些是可鄙的，但是与无法规的害处比较，其利弊是不可同日而语的。

试看目前西洋各国的情况，由于人民智慧不断进步，气魄也越来越大，好像天地之间，不论是自然界或社会上，没有任何东西足以限制人的思想，人可以自由地研究事物的规律，从而得出处理它的办法。对自然界方面，已经探索了它的性质，了解它的作用，并且还发现了很多根据其性质而控制它的规律。对社会方面，也是如此，由于研究了人类的性质和作用，已经逐渐发现它的规律，从而根据其性质和活动，将要逐步地获得控制的办法。其进步情况兹举例如下：法律严密，减少了国内的冤狱；商法明确，使人民感到方便；公司法合理，因而举办大企业者日多；租税法妥恰，减少了私产的损失；兵法精湛（虽是杀人之术）因而减少了战争之祸患；国际公法虽然还不周密，但是多少也起了减少杀戮的作用；国民会议可以限制政府的专权；著述和报刊可以制止强者的暴行；近来听说将在比利时的首都，成立万国公会以谋求全世界的和平等等。这些都是法制的日益周密和实施范围日益扩大的具体表现，也可以说是通过法制以实现大德的事业。

第八章　西洋文明的来源

叙述现代的西洋文明和探讨其来源，并不是这本小册子所能做到的事。所以在这里只引证法国学者基佐所著文明史以及其他各种著作的要点，略述其大意而已。

西洋文明的特点在于对人与人的交往问题看法不一，而且各种看法互相对立，互不协调。例如，有主张政治权的，有主张宗教专权的，有的主张君主政治，有的主张神权政府，有的主张贵族执政和有的主张民主政治等等，众说纷纭，莫衷一是，自由争辩，胜负难分。由于长期形成对峙局面，即使彼此不服，也不得不同时并存。既然同时并存，即便是互相敌对的，也不得不在互相了解对方的情况下，允许对方的活动。由于自己不能垄断一切，又不得不允许对方的活动，于是便各持其说，各行其是，为文明进步尽一分力量。最后将融为一体。这就是产生"民主自由"的原因。

现代的西洋文明兴起于罗马灭亡时期。大约从公元 4 世纪开始，罗马帝国的权势逐渐衰微，到 5 世纪时，情况更为严重，野蛮民族从各方面侵入，帝国的政权从此崩溃。在这些民族中，最强盛的是构成日耳曼民族的法兰克民族。这些野蛮民族蹂躏了罗马帝国，摧毁了罗马数百年来的一切旧制度。这时人与人之间的关系只有依靠暴力，无数的野蛮人成群结队到处烧杀掠夺，无所不为，因此，一方面出现了许多国家，同时又有一些国家被吞并。到了第8世纪末，法兰克族的酋长沙立曼兼并了现在的法国、德国、意大利等地，奠定了一大帝国的基础，大致形成了统一全欧洲的气势。但在沙立曼大帝死后，国家再度分裂并陷于混乱。当时法兰西和日耳曼虽有国家之名，但仍未具备国家的体制，每各人各逞其暴力，为所欲为而已。所以后世称这个时代为野蛮时代，或黑暗时代。这个时代包括从罗马末期到公元第10世纪约七百年的期间。

在这个野蛮黑暗的时代，只有耶稣的教堂得以完整地保存下来。在罗马灭亡后，似乎耶稣教堂也应随着被摧毁，但事实并非如此。教堂不仅在野蛮环境中安然无恙，而且还要感化这些野蛮民族，力图把他们吸引到自己的宗教中来，这种大勇大智是罕有的。因为开导无知的野蛮人，用高尚的道理是无济于事的，于是教堂规定了许多仪式，以虚饰的外形来迷惑人，在暧昧之中启发了他们的信仰。后世评论这个问题，不免讥为以妄诞之说蛊惑人心。但在当时无法无天的社会里，也只有耶稣教懂得天理人心之可贵。假如当时没有这个宗教，恐怕整个欧洲早就变成了禽兽世界了。所以，在这个时代，耶稣教的功德是不算小的，同时耶稣教所以能获得权力，也绝不是偶然的。大体上说，当时控制肉体方面的事情，属于一般世俗的武力，而掌握精神方面的事情，则属于教堂的权限，形成了“俗权”和“教权”互相对立的局面。由于教堂的僧侣干预俗事和管理地方民间的事务，是从罗马时代传流下来的习惯，所以直到此时仍未丧失其权力。后世僧侣之能出席议院，也是渊源于遥远的上古时代(寺院权)。

当初罗马的建国，是由许多城市国家联合而成的。因此，罗马帝国统治区域内到处都是城市国家，这些城市国家都各有一套法律，各自管理自己的事务，只是由于都臣服于罗马皇帝，才联合构成了一个帝国。在这个帝国灭亡以后，市民会议的风气仍然存在，并成为后世文明的因素（民主政治的因素）。

罗马帝国虽然已经灭亡，但在过去几百年间，人们一向称这个国家为帝国，尊国君为皇帝，这种名称已经深深铭刻在人民的心里不可磨灭，既然忘不了皇帝陛下这个名称，则专制独裁的思想也必然要随这个名称留在人们记忆里。后世有提倡君主政治之说的，其根源即在于此（君主政治的因素）。

当时横行于天下的野蛮民族的风习和性格，虽然不能根据古书的记载详细了解，但推想当时情况，可以想象到他们是豪横慓悍不通人情的，其愚昧无知的程度几乎近于禽兽。但是，进一步加以详细分析，在其愚昧慓悍之中，自然存在着豪迈慷慨的气魄与独立不羁的精神。这种精神本来是出于人类的天性，也就是以英雄好汉而自豪的心理，或者是所谓大丈夫的气概和勇往直前的勇气。在古罗马时代，并不是没有自由之说，耶稣教士也不是没有主张自由的，但他们所主张的自由是一个民族的自由，而从未听说有主张个人自由的。主张个人的自由和发展个性的风气，是野蛮的日耳曼人创始的。在后世的欧洲文明中，把这种风气奉为至宝，直到现在仍然非常重视自由独立，这不能不归功于日耳曼人（自由独立的风气，胚胎于日耳曼的野蛮人）。

后来野蛮黑暗的时代逐渐结束，到处流徙的人民也定居下来，于是便过渡到封建割据的局面。这种局面是从第10世纪开始，到十六七世纪才崩溃的。这个时代就叫做“封建制度”的时代。在封建时代，法兰西，西班牙等国虽各有其国家之名也有君主，但君主只是徒具虚名而已。国内武人割据构成部落，据山筑城拥兵以自重，奴役人民自封为贵族，实际上形成了许多独立王国，穷兵黩武，互相倾轧。在黑暗时代，有个人的自由，到了封建时代，情形便迥然不同了。自由的权利，完全属于拥有土地人民的贵族所有。当时对于贵族既无约束的国法，也无人民的批评，贵族在一城之内俨然是一个至尊的君主，只有敌国来侵和自己力量薄弱，才是这个专制制度的唯一威胁。欧洲各国，大都形成了这种情况，人民只知有贵族，而不知有国王。如法兰西和西班牙，在当时根本就未能完成可以称为法国或西班牙国的国家体制(封建割据)。

如上所述，封建贵族虽然专权，但决不是能够以此支配整个的欧洲。宗教已经控制了整个野蛮人的人心，获得了他们的信仰，从12 世纪到 13 世纪，宗教势力之盛，已达到极点。其所以如此，也绝不是偶然的。本来人生在世，有时可能因机缘凑合而煊赫一时，有过人之力也可能歼敌百万，或因有超群才智而为天下唯一富翁，好像人间万事莫不由于个人才力而从心所欲。但是，一涉及生死幽冥之理，就不可解了。遇到幽冥之理，即使有沙立曼的英武，秦始皇的雄威，也完全无能为力，而只有凄然失望，空叹富贵若浮云，人生如朝露而已。人心的最脆弱处，也正在于此。如果用作战来比喻，就像没有设防的要塞，如以人的身体来比喻，就像人身上最灵敏的器官那样，一旦受到打击，就要立刻退缩，而表示软弱。宗教的职责，是说明幽冥的道理和造化的奥妙，而解答人们的疑惑的。所以具有生命的人类，谁能不倾心呢？况且，当时又是文化未开，轻听轻信的社会，虽然是荒诞无稽之谈，也不足为怪。于是信仰宗教的风气弥漫于天下，只许忠诚信奉教义，而不许有所私议，这种专横情况，无异于王侯用暴政压迫人民。大体说来，在当时的情况下，人民的身体恰如被分成了两部分，一部分是精神，一部分是肉体。肉体的活动，受王侯世俗政权的统治，精神的活动，听命于罗马教廷。世俗政权统治着有形的物质世界，宗教统治着无形的精神世界。

宗教既已统治了精神世界，控制了人心，而和王侯的世俗政权形成对立的形势，但并不以此为满足，还要进一步认为：精神和肉体哪个重要？肉体不过是次要的，是外在的，而精神则是根本，是内在的，我们宗教既已支配了根本的，又支配了内在的，怎能不过问外在和次要的东西呢？必须把它也划归我们支配范围之内。于是进而侵犯王侯的地位，或夺取其国家，或剥夺其王位。这样，罗马教皇就俨然成为世界上的唯一至尊。德意志皇帝亨利第四，因为触犯了教皇革勒格里，不得不在风雪严寒中，赤足站在罗马城下三天三夜，向教皇哭乞哀求赦免。这件事就是发生在这个时代（宗教权力的伸张）。

及至野蛮横行的风气稍戢，割据的形势遂已成，人们修筑城郭建造房屋，得到了安居以后，人们已不能满足于仅仅免于冻馁的生活。人们对渐渐讲究生活享受，衣服要轻暖，食物要鲜美，种种需要同时产生，再没有人留恋过去的粗野生活了。既然产生了需要，就必须有人供应这些物品，于是，开始有了工商业，各地出现了城市，市民中也有因此而发财致富的。这就是罗马时代以后城市的复兴。然而，这些市民聚集在一起，最初并不是强有力的。野蛮的武人固然留恋于过去的横暴掠夺生涯，但因大局已定，不能远出，在其近旁可供其恣意抢夺的对象只有市民。而从市民眼中看封建贵族武人是这样,他们来购买东西时,就是顾客,来抢夺东西时,就是强盗。所以,虽然进行交易,而同时又不能不防备他们的野蛮横暴。于是在集市周围筑起城郭,城中居民守望相助,一同防御敌人,祸福共之。开会时鸣钟召集居民,大家宣誓同心戮力,以表示忠诚,并在会上,从群众中推选数人为城市的领袖,担任指挥攻守事宜。这些推选出来的领袖一旦掌权,便可为所欲为,几乎与君主的专制没有两样,但有一条限制,这就是市民有权罢免他们,并改选别人。

这种由市民组成的独立单位,叫做 Free city(自由城市)。由于这些城市抗拒帝王的命令。或与贵族军队作战,战乱几乎连年不息。(Free city 即自由城市之意,其人民是独立的市民)从 11 世纪起,在欧洲各国建立了很多自由城市,其中著名的,有意大利的米兰和仑巴底,在德意志则有汉撒同盟。从 13 世纪初,勒倍基和汉堡等地的市民结成公会,势力日益强大,曾经发展到八十五个城市的大联盟。对此,王侯贵族不仅无法制服,而且和它缔结条约,承认它的独立,允许各城市修筑城郭、设置军备、制定法律、发布政令,俨然形成了独立国的体制(民主政治的因素)。

如上所述,从四五世纪以来,不论教会、君主、贵族、平民,各都形成一个体制,具备若干权力,仿佛完成了人类社会关系的必要条件。但是,这并没有达到把这些统一起来建立一个国家或一个政府的地步,人民所争的只限于局部问题。还不知道什么叫作整体。后来从 1096 年,十字军兴起,这支军队是欧洲人为了维护宗教联合起来向小亚细亚进攻。这次战争是联合整个欧洲而以亚洲为敌的，从这时起，人们才开始知道有欧亚两洲和内外的区别，而统一了方向。而且对于欧洲各国来说，这也是关系国家命运的一件大事，它使各国人民思想统一，开始关心国家的利害。所以说，十字军的兴起，使欧洲人民知道了欧洲的存在，使各国人民知道了国家的存在。十字军是从 1096 年开始，断断续续前后出征了八次，到 1270 年才宣告完全结束。

十字军虽然是由于对宗教的热忱而兴起的，但因历时达二百年之久，不能成功，以致人心生厌。各国的君主，也认识到争夺宗教权力不如争夺政治权力重要，与其远征亚洲侵占领土，还不如在欧洲境内开拓疆界有利，因此再没有人愿意作战了。经过这次战争，人民的眼界也有所扩大，并且也理解到在国内尽可以谋生，因而厌恶了远征。这样，远征的热忱便消逝得无影无踪，终于停止了行动。这种结局，虽似可笑，但对当时欧洲的野蛮人来说，由于看到了东方的文明，就把它吸取到本国，促进了文化的进步，同时，由于知道了有东西方的对立和内外的区别，因而奠定了国体。这可以说是十字军带来的结果（十字军的贡献很大）。

在封建时代，各国君主都是徒拥虚位，但是他们并不是心平气和的。另一方面，由于国内人民的知识逐渐提高，不愿意永远受贵族的羁绊，社会上又产生了一种变动，开始了压制贵族的端绪。例如，在 15 世纪末期法王路易十一打倒贵族恢复了王权。后人评论路易十一的事业，似乎都认为他奸诈狡猾，行为卑鄙，但事实并不完全如此，我们不应该不考察时势的变迁。在过去，完全依靠武力统治社会，可是今天，智力代替了武力，以狡诈代替了膂力，以权术代替了强暴，或用劝谕，或用引诱，巧妙地运用各种策略。这样，即使这种人的居心卑鄙，但不能不认为他的目的比较远大，有重文轻武之风。在这个时代，王室的集权，并不限于法兰西一国，英国、德意志、西班牙等国也莫不如此。各国君主固然力图实现集权，而人民也想假借王室的权力消灭贵族这个仇敌，因此形成了上下相投打倒中间的风气。于是全国的政令渐渐统一，初步形成了政府的体制。并且，在这个时代，火器的使用日益盛行，渐次废弃弓马之术，谁也不再畏惧匹夫之勇了。同时又发明了刻板印刷技术，好像给人类社会新开辟了传达意志的道路，人的智慧迅速发展，事物的轻重也急剧变化，膂力让位，智力跃占了上风。封建武士权势日趋没落，没有立足之地，宛如孤悬于半空之中。大体说来，这个时期的趋势是，国家权力逐渐集中于一个中心政府（国家的统一）。

长期以来，教堂专权恣肆，有如旧日的专制政府的继续，虽然内部已经腐败不堪，但仍然抱残守缺，不知变通。再看社会上，人智日开，人民已经不像过去那样愚昧轻信，读书识字已经不属于僧侣的特权，普通的人也有读书的了。既然知道读书懂得寻求真理的方法，对事物就要发生怀疑。然而，“怀疑”二字，正是教堂的禁忌，二者势不两立，终于在社会上掀起了改革宗教的大浪潮。1520年，著名的路德首倡改革宗教，背叛罗马教皇，提倡新教，震动了天下人心势不可当。但是，罗马还像病狮虽然气力已经衰弱，然而狮子毕竟还是狮子。当时旧教如狮，新教似虎，双方胜负难分，在这场斗争中欧洲各国死人无数，结果创立了“新教（Protestant）”这个新的宗派。新旧两教都未失去地位，路德的努力也未归于徒劳，但从杀人的惨酷来说，新教所付出的代价是相当大的，代价高低，姑且不论，但究其目的，双方都不是争论宗教的正邪，而是争论是否允许信仰自由，不是争论耶稣教的是非，而是争夺罗马的政权。所以这场斗争是表现了人民争取自由的新风气，可以说是文明进步的一种征象（宗教改革是文明的征象）。

从15世纪末叶起，欧洲各国的国家权力渐渐集中于政府。最初人民只是仰慕王室，还不懂自己有参与政治的权利，而国王想排斥贵族，又不得不依人民的力量。为了一时权宜之计，国王与人民俨然结成同盟，互相利用，有时政府还特地授给人民以若干权力，这就提高了人民的地位。随着这种情况的发展，到十六七世纪，封建贵族已经销声绝迹，宗教纠纷虽尚未平息，但大局已定，国家的内部，只剩下人民和政府的关系了。但是，热衷于专权乃是有权者的通病，各国君王也不例外。这时，人民与王室之间便开始发生了争端，这种斗争最先是在英国发生的。在这个时期，王室的权威虽然不算小，但人民由于从事工商业，积蓄了财产，还有不少人购买了贵族的土地而成为地主。这些人既有了土地和财产，又善于经营终于垄断了全国的商业，成为国家财富的主人，因此对于王室的专制，就不能置之不理了。过去曾以罗马为敌进行了宗教改革，而今天已经形成了以王室为敌实行政治改革的趋势。从事情的性质来看，这两者虽有宗教和世俗之分，但在发挥独立自由的风气而成为文明的征象这一点上，则是完全相同的。这可能是，以往自由城市的精神，这时又逐渐复兴起来了。从1625年查理士一世即位起，民权学说和宗教的争论都很激烈。忽而召开议会，忽而封闭议会，议论纷纭莫衷一是，到1649年终于废除国王，建立了共和政体。但这只是昙花一现，后来又经过种种变乱，直到1688年威廉

三世即位，才大刀阔斧地改革了政府的方针，根据自由民主的原则，确定了君民同治的政体，直到今日。

法国在17世纪初路易十三时代，由于首相黎塞留的力量，加强了王室的权威。1643年路易十四世继承王位时，年仅五岁尚不知国事，又当内外多事之秋，但国力并未削弱。后来国王成年，天资聪颖，继承了祖宗的遗业，不仅威服海内，并屡次与外国交战，获得胜利。路易十四在位七十二年，王威显赫，达于极点，法国王室的兴盛，以这个时代为最。但是，到了他的晚年，军威渐衰，政纲松弛，王室衰微的征象已经隐约可见。路易十四的衰老，不仅是他本人的衰老，也可以说是欧洲王权的普遍衰老。到了路易十五时代，政府腐败已极，无法无天几乎达到顶点。若与以往相比，前后的法兰西判若两国。但从另一方面就法国的文明来说，在政治腐败的这个时期，文明的昌盛达到空前未有的地步。在17世纪，学者的议论中并不是没有自由思想，但他们的见解未免过于狭隘，到18世纪，其面目才焕然一新。不论宗教、政治学、哲学理论、自然科学等各方面无不蓬勃发展，研究的范围极为广泛。经过研究、质疑、分析和试验等等，人们思想豁然开朗，仿佛没有任何阻碍。大体说来，这个时期的情况，王室政治是在停滞中腐朽下去；而人民的思想则由于追求进步解放而生气勃勃，王室与人民之间产生了一触即发的形势。18世纪末期的法国大革命就是这种冲突的表面化。这类事件的爆发，英国是在17世纪中叶，法国是在18世纪末期，虽然前后相隔百余年，论其发生的原因和所导致的结果，可以说两者是同出一辙。

以上是西洋文明的梗概，关于详情细节，请参阅“文明史”译

本，学者倘能对该书全面地前后联系起来，反复加以研究，必能得到很大的裨益。

第九章　日本文明的来源

如前章所述，西洋文明的特点是这样，关于人的社会关系，开始是各种学说同时并立，中间经过争论彼此逐渐接近，最后合而为一，其中含有自由精神。这好像把金银铜铁等元素，熔化在一起，变成一种非金、非银、又非铜非铁的化合物，各种成分保持均衡，互相构成一个整体。可是，我们日本的情形，就与此大不相同了。日本文明，关于人的社会关系，当然也有各种因素，君主、贵族、宗教和人民等自古就有，并各自形成一个阶层，各有各的思想。但是这些思想未能并立，未能互相接近和合而为一，这好比虽有金银铜铁各种元素，但未能熔合成一体。即或熔合在一起，实际上并不是各种元素保持着均衡，不是偏重偏轻，就是其中的一种元素消灭了其他元素，使其他元素不能现出本色。这好比铸造金银货币时，虽然掺入十分之一的铜，但是不能现出铜的本色，铸造出来的货币仿佛是纯金银货币一样。这就叫作偏重。文明的自由，并不是用其他自由所能换取到的，只有允许享受各种权利，使能获得各种利益，容纳各家的意见，使各种力量得以发挥，彼此保持均衡，才存在这种自由。自由也可以说是从不自由当中孕育出来的。所以，在人与人的关系上，不论政府、人民、学者或官吏等各种不同阶层，凡是拥有一定权力的，不管智力也好，膂力也好，只要叫做力量，就必须有一定的限度。人类的任何权力，绝不可能是尽美尽善的东西，其中必然包含着固有的缺陷，或者因为卑怯而误事，或者因为过激而出乱子，这种事例从古今历史上可以看到。这就是偏重的祸害，有权者应该引以为戒。日本文明与西洋文明相比，一个突出的区别就在于权力偏重这一点。

在日本，权力的偏重，普遍地浸透了人与人的关系中。本书第二章曾谈到一国人民的风气问题，而权力的偏重也是这种风气之一。今天学者讨论权力问题时，往往把政府和人民对立起来，不是愤恨政府的专制，就是责难人民的放肆。但若详细观察事情真相，深入分析，就可以看出，这种偏重，从最大的人的关系一直到最小的人的关系，不论大小，也不论公私，只要有人的关系，就没有不存在着权力的偏重。譬如日本全国有千百个天平，不论大天平或是小天平，都偏于一方，失去了平衡。又如一个三角四面体的结晶物，即使把它破成一千块一万块，或者把它捣成粉末，它的每一个分子仍然不失三角四面的特征，若再把这些粉粒合成一小片或者一大块，仍然形成三角四面体的形状。权力的偏重，就像上述比喻这样，普遍贯穿到每一事物的最微细的末端，然而这种情况并没引起学者的注意，这是什么缘故呢？这无非是因为政府与人民之间的关系大而且公，所以才引起人们的注意，议论也就多半偏于这一方面。现在根据实际情况来谈谈偏重问题。哪里有男女的关系，哪里就有男女权力的偏重，哪里有父子的关系，哪里就有父子权力的偏重，在兄弟的关系上是这样，长幼的关系上也是这样。家庭间如此，社会上的情况也是如此。他如师徒、主仆、贫富、贵贱、新手老手、嫡系旁系等等，所有这一切上面都存在着权力的偏重。进一

步从人类种族社会的形成过程来看，在封建时代，诸侯有大小之分，寺院有正支之别，神社有本末之异等等，只要有人的关系的地方，就有权力的偏重。在政府方面，按着官吏的地位等级，偏重的情形最为严重。政府官吏在平民面前作威作福，看起来好像很有权力，但这些官吏在政府里，受上级的压迫，比平民受官吏的压迫还要厉害。例如，地方小吏呼唤村长谈话时，态度傲慢无礼令人厌恶，但是这些小吏在长官面前，其卑躬屈膝情形，更是可怜亦复可笑。村长受到小吏的无理叱责，固然值得同情，但是他回村里无理叱责村民，又极可恶。甲受乙的压迫，乙受丙的压迫，压迫欺凌循环不已，这也可以说是一奇观。本来，人的贵贱贫富、智愚强弱的程度，按照各个人的条件（Condition）分为无数等级，虽然存在这种等级，但并不妨碍人与人的交往。然而，由于人们这些情况的不同，往往他的权利（Right）也跟着不同，这就是权力的偏重。

如果只从表面上看，现在的情况好像只有政府是有权者。但如果仔细分析政府究竟是什么东西，为什么这样有权，就能得到比较细致的结论。政府本来是人民相聚处理事务的场所，在这里工作的人，或称之为君主或称之为官吏，而这些君主和官吏。并非生来就是当权的君主和官吏。即使封建时代有世袭官爵的习惯，但实际办事的大多是偶然选拔出来的人物。这些人物一旦进入政府，并不会立即改变其生来的本性。那些在政府里弄权的，也不过是暴露了他的生平本色罢了。例如，在封建时代，也曾有过选拔贱民充任政府要职的事，但他们并没有什么了不起的作为，而只是因袭过去，充其量也不过作得比较巧妙些罢了。所谓巧妙，是指弄权方面而言的，他们不是爱民使人民愚昧，就是威压人民，使人民畏惧。如果让这种人处在民间，他们的作风也是一样，让他们留在乡村，或留在城市，也一定是这种作风，总之，这是我国人不可避免的通病，谁也不能例外。只是因为政府工作，事体宏大涉及面广，容易引人注目，而经常成为谈论的对象。所以，政府并不是弄权的根源，而只是集中了专权者的场所，它正是给专权者以用武之地，使其得以显示生平的本色，任所欲为的场所。如果不是这样，把弄权的根源归之于政府，那么，人们只在做官期间才患这种流行病，而在做官以前和以后，难道就没有这种症状么？这是说不通的。本来，专权就是有权者的通病，他们一旦身在政府大权在握，就要迷醉于权力，进而滥用职权。也许因为政府或一家的具体情况，势非专权不可。然而，就一般人来说，如果平素受的教育和生活习惯中没有专权的思想作风，一旦参加了政府，就立刻学会弄权，那是绝对不可能的。

根据以上的论述，爱弄权柄和由此造成的权力偏重，绝不限于政府，而应当说这是全国人民的风气。这种风气，就是西洋各国和日本之间的最明显的差别，现在必须探讨其原因，但这并不是轻而易举的事。在西洋人的著作里有这样说的：亚洲人弄权的原因，是由于气候温暖、土地肥沃、人口过多和在地理上山海险阻广阔，因而产生了极端的幻想和恐怖之念的缘故。用这种说法来说明日本的情况，能否解决问题，很难断定。即使能解决问题，而这些原因都属于自然条件，人力是无可如何的了。所以，我想只就事物的发展来阐明弄权的原因。苟能找出原因，也就会有适当的对策。我们日本在开国之初，也和世界各国一样，若干人民结成一群，由群里膂力最强、智力最高的人物来支配一切，或者是由外来的征服者当酋长。根据历史记载,神武天皇就是从西方率领着军队来的。统治一群人民,当然不是一个人的力量所能作到的,所以在酋长之下必须有辅助他的人,而这些人可能都是从酋长的亲戚或朋友中间选拔出来的,他们同心协力,形成了一个政府的体制。政府体制形成之后,政府里的人便成为统治者,人民便成为统治的对象,于是就分成了"统治者"与"被统治者"。统治者叫作上或主或内,被统治者叫作下或客或外。因此,上下、主客、内外的区别,也就截然分开了。从此这两者成为日本人之间的互相关系上的两大分野,也可以说这是我国文明的两个因素。自古至今,人的关系虽然多种多样,但归根结底都可归纳成为这两种因素,而没有任何一种可以例外(分为统治者与被统治者)。

统治人当然不是容易的事,因此,站在统治者立场的人,必须膂力与智力兼备,并且还须有些财富。既能具备膂力与智力且有财富,就可以得到统治者的权力。所以,统治者必然都是有权者。而王室则在这些有权者之上,集中他们的力量统治全国,当然战无不胜,攻无不克了。同时,被统治的人民,由于王室由来已久,也就越来越服从它,自从神功皇后时代以来,屡有外征,由此可知,当时皇室已威服全国,毫无内顾之忧。后来,文化渐开,有了养蚕、造船的技术和纺织、耕种的工具,以及医儒、佛教的书籍等其他各种文明事物,其中,有的从朝鲜传来,有的是本国发明的,这样,人们的生活方式日渐丰富起来,但管理这些文明事物的权力,全部操在政府手里,人民只有俯首听命而已。不仅如此,连全国的土地以致人民的身体,也都成为王室的私有财产。换句话说,被统治者等于统治者的奴隶。到了后世,仍有"御国"、"御田"、"御百姓"等的称呼,这个“御”字就是尊敬政府的意思，也就是说，日本国内的土地和人民的身体都是政府的私有物。仁德大皇看到民间炊烟遍起，曾说：“朕已富矣”，这毕竟是出于爱民之心，视人民的富裕为自己的富裕，堪称心平气和的仁君了。然而，由此也可以看出，当时天皇是把天下看成一家和自己的私有财产。在这种形势之下，天下大权都集中于王室，因而，权力经常偏重于一方面，一直到它的末代。总之，如前所述，从至大到微小的地方，一切事物都存在着权力的偏重，如把人与人的关系，分为千万个，就有千万个的偏重，把它归纳成一百个，就有一百个的偏重，若缩小到王室与人民这两层，则两者之间也有偏重，也就是权力经常是偏重于王室的一方面（国家权力偏重于王室）。

源、平二氏兴起后，天下的权力归于武门，似乎从此武门与王室平分秋色，人与人的关系为之一变，但事实并非如此。无论源、平二氏或是王室，都是属于统治者的范畴，国家权力归于武门，只是这个统治者把权力转移到另一个统治者而已，统治者与被统治者的关系，依然保持着上下、主从的形势，和以往丝毫没有两样。不仅如此，在光仁天皇宝龟年间，更下令天下，划分兵农，从人民中间选拔既富裕又有武艺者服兵役，使羸弱者从事农业。这个命令的精神在于，使富而强的人用武力保护弱小者，贫而弱者就得从事农业以供养武人，因此贫弱者越发贫弱，富强者越发富强，统治者与被统治者之间的界限更加明显，权力的偏重更加严重了。根据各种书籍的记载，自源赖朝就任六十余州的总追捕使之后，在各郡设置“守护”，在各庄园设置“庄头”，从而削弱了以往的国司、庄司的职权，从那时起，所有的统治阶级出身、手下又有人的武士们，凡有可夤缘攀附者都当上了守护或庄头,他的部下便称为“御家人”,而受守护庄头的指挥,因此,都成了幕府的部属,并且还制定了每百日交代一次,轮流守卫镰仓的办法。到了北条时代,情况也大致相同,国内到处都有武人。承久之乱时,北条泰时,在五月二十二日以十八骑镰仓出发,但到了同月二十五日,仅仅三日之间,东国的兵力就已全部集结完毕,共数达十九万骑之多。由此可以清楚地看出,各地武人,经常忙于备战,根本没有时间从事农业,而依靠农民的供养过活。兵和农的界限愈分明,随着人口的增加,武人的数目也就愈多。源赖朝时期,曾把关东直属的武士,大部分派充各郡的守护,每隔三年或五年调动一次,后来,不知什么时候都变成了世袭的职务。北条氏灭亡,到了足利时代,这些守护便互相吞并,有兴起的,也有灭亡的,有被土豪驱逐的,也有被部下篡夺的,因而逐渐形成了封建割据的局面。概括地说,自从建立王朝以来,日本的武人,最初是分散在全国各地,各自掌握权力,拥护王室。在到镰仓时代以前这段时间里,逐渐结成为若干小集团,这才有了大诸侯小诸侯之称。到了足利时代,又结成更大的集团,但是这些集团未能进一步结合起来,这就形成了应仁年代以后的混乱局面,和武人的极盛时代。武人跋扈的社会里,有离合聚散、盛衰兴亡,但是在人民的社会里,却没有任何变化,只知从事农业以供奉武人。所以,在人民的心目中,王室与武门并无区别,武人社会的治乱兴衰,对人民来说,无异于天时气候的变化,只有从旁观其演变而已(由于武门兴起后,破除了对神权政府的迷信,其益处在第二章已有论述)。

根据新井白石的说法:“天下大势经过九次变迁,才到了武门时代，武门时代又经过五次变迁，才到了德川时代。”其他各家的说法也与此大同小异。这种说法，只是关于日本执政者的新旧交替，说它有几次变迁。直到目前为止，日本史书大都不外乎说明王室的世系，讨论君臣有司的得失，或者像说评书者讲述战争故事那样记载战争胜负情况。就是偶尔涉及与政府无关的事，无非是记载一些有关佛教的荒诞之说，是不值得一看的。总而言之，没有日本国家的历史，只有日本政府的历史。这是由于学者的疏忽，可以说是国家的一大缺点。至于新井先生的“读史余论”，也是属于这一类的史书。该书虽然论到天下大势的变化，但实质上并不是天下大势的变化，早在王室时代局势已定。自从分成统治者与被统治者两种成分和划分了兵农以后，这种界限更加明确，直到今天，从未发生任何改变。所以，在王代的末期，虽有藤原氏的专权和太上皇的听政，但这些都是王室内部的问题，当然与天下形势毫不相干。后来，平氏灭亡，源氏兴起新建幕府于镰仓，北条氏以陪臣身份执政，足利与南朝对抗而被骂为逆贼，以至于织田氏、丰臣氏、德川氏等相继执政，先后统治了全国，但是这中间只有统治方法的巧拙不同，全国局势，依然如故。所以，北条氏、足利氏所喜欢的，也同样为德川氏所喜欢，甲所忧虑的，也同样为乙所忧虑，甲乙处理其所喜忧的问题的方法，完全也毫无差异。例如，北条、足利政府喜欢五谷丰登、人民驯顺，德川政府也喜欢这样，北条、足利政府所畏惧的叛乱者的种类，在德川时代也是一样。但回过头来看看欧洲各国的情况，就迥然不同了。在欧洲各国，如果在人民当中有了新的宗教主张，政府马上就要采取相应的措施。过去人民只畏惧封建贵族，但随着社会工商业的逐渐发达，中产阶层有了权力之

后，又不能不对它有所喜欢或畏惧了。所以，在欧洲各国随着国家形势的变迁，政府也就随着改变其情况。只有我们日本情况不同，不论宗教、学术、商业、工业等完全掌握在政府手中，因而政府也无须忧虑和恐惧形势的变化。发现有与政府意图相抵触的，可立即下令禁止，所唯一忧虑的，是唯恐从同一阶级中有人起来推翻执政者（所谓从同一阶级中起来的人，是指统治者中的人）。所以说，日本自建国以来二千五百余年间，政府的所作所为，完全是同样事情的重复。这就好像多次诵读同一版本的书，或多次表演同一出戏剧一样。新井氏所谓天下大势的九次变迁，或五次变迁，只不过是一出戏上演了九场，或上演了五场罢了。某一西洋人的著作里曾经说：亚洲各国也有骚乱和变革，其情况无异于欧洲，但并未因这些变乱而促进国家文明的进步。这种说法，未尝没有道理（政府虽有新旧交替，但国内局势仍原封未动）。

如上所述，政府虽有变革交替，但国内局势从不改变，权力永远偏重于一方，在统治者与被统治者之间，就好像筑起一道高墙，断绝了关系。不论有形的膂力或无形的德智，以及学问、宗教等都操在统治者手里，而这些人狼狈为奸，争权竞势，因此，财富集中在他们中间，才智集中在他们中间，荣辱和廉耻也集中在他们中间。他们高高在上统治着人民，治乱兴衰，文明的进退，完全属于这群统治者，至于被统治者则从来漫不关心这些问题，只是冷眼旁观而已。例如，日本古代常有战争，如甲越之战，上国与关东之战，光听这些名称，仿佛是两国交战，其实绝对不然。这种战争，只是两国武士之间的战争，人民根本未参与其事。所谓敌国，本来应该是全国人民同仇敌忾之敌，即使不是手执武器奔赴战场，也是应该时时刻刻祈祷本国的胜利和敌人的失败，无论在任何微小的事情上，都不忘敌我，这样，才能算是真正的敌对国家，才能表现出人民的爱国心来。但是我国的战争，自古以来，就不是这样。我国的战争只是武士与武士之间的战争，而不是人民与人民之间的战争，是一家与另一家之间的战争，而不是国家与国家之间的战争。因此在两家武士作战时，人民只是袖手旁观，不管是敌方还是我方，谁强大就畏惧谁。所以，在战争时期，随着风色的转变，也许昨天还给我方输送辎重的人，今天就要去替敌方运送军粮。在胜负已定战争结束时，人民也只看到战乱平息庄头更换，既不以胜为荣，也不以败为辱，人民所感激和欢迎的只是新庄头放宽政令，减少田赋，兹举例说明如下。北条氏的地盘是关东的八州，因败于丰臣氏和德川氏而灭亡。灭亡后，八州土地被仇敌德川氏占领。德川家康虽然是个杰出人物，但是怎能设想他一下子就压服了八州的敌人。这是因为八州的人民，既非敌方也非友方，而是北条氏对丰臣氏战争的旁观者。所以，说德川氏进驻关东后所进行扫荡和镇抚残敌，只不过是讨伐北条氏的遗臣而已。至于对待农民和城市居民，好像只用手摸摸头一样，立即使他们安定下来了。这种例子，自古以来举不胜举，直到今日，情况也看不出有什么变化。因此，也可以说日本从来还没真正形成一个国家。如果今天日本和外国发生战争，连同日本人民之中虽然不拿着武器临阵作战，但是关心战争的人，姑且也看作“参战者”的话，然后再把这些参战者的人数和那些所谓“观战者”的人数相比较，孰多孰少，是可以预知的。我曾经说过，日本只有政府，没有国民。也就是指此而言的。固然，在欧洲各国也常有利用战争手段吞并外国领土的事情，但是吞并外国领

土，并不是一件简单的事。如果不用强大的兵力加以镇压，或者与当地人民相约，给予若干权利的话，要想把占领地并入自己的版图，是不可能的。由此可见，东方人和西方人风气大不相同（日本人民不关心国事）。

因此，在民间偶尔出现了有才或有德之士，如果居于原来的地位，就不能发挥其才德，从而不得不自动地摆脱其原来地位而进入上层集团。所以，古今来有不少昨天还是布衣庶民，今天便贵为将相的例子。乍看起来，好像上下之间并没有什么界限，其实是这些人逃离了原来的地方而到了另一地方。就好比避开低湿的地方迁移到干燥的高地一样，从他本身来说，固然是得其所哉，但这并不是他亲自把原来的低湿地方用土堆成干燥的高地，所以，湿地依旧是湿地，与他目前所处的干燥的高地相比，其间仍然存在着界限，上下的差别丝毫没有改变。犹如，从前尾张地方的木下藤吉，虽然当上了太阁，可是尾张的人民依旧是从前的农民，情况并没有改变。藤吉只是脱离了农民，加入了武人集团而已。藤吉的飞黄腾达也只是他个人的飞黄腾达，并没有普遍地提高农民的地位。这种情况固然是当时的历史条件所使然，不应以今天的眼光加以评论，即使评论也毫无益处。不过，假设藤吉处在昔日欧洲的自由城市，市民一定不喜欢这位英雄的作为。或者假设藤吉生在今天，做他过去所做的事，并且使那些独立的市民也生活在今天这个时代，评论藤吉的事业时，恐怕这些市民一定要认为藤吉是个没有情谊的人，并且要骂他是不管故乡，背弃农民伙伴，只贪图个人名利而投靠武门的人，而唾弃他。毕竟藤吉和这些市民观点不同，尽管在行为举止的粗密宽严上有相似之处，但自古至今不论时势如何，社

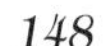

会形态如何，二者始终是不能相容的。十三四世纪，在欧洲盛极一时的独立市民，在行为方面虽然也有些粗暴过激或固陋、愚蠢的地方，但他们绝没有依靠别人。他们致力于商业，为了保护商业还设置了武备，以巩固自己的地位。到了近代，英法及其他各国的中产阶级，逐渐富裕起来，品行也随之提高，虽然在国会等场合，常常争吵不休，但并不是为了夺取政府的权力来压制人民，而是为了保全自身的地位利益，竭力反抗别人的压制而已。所谓地位利益，从地方上说，就是地方利益（Local interest），从职业上说，就是阶级利益（Class interest）。根据个人居住的地方或同业关系，而提出各自的主张，保护各自的利益，为此，甚至不惜牺牲个人生命。但是，日本人自古以来，就不重视自己的地位，只知趋炎附势，企图依靠别人谋求权势，否则，就取而代之，步前人的后尘，即所谓"以暴易暴"，真是卑鄙已极，这与西洋人独立自主的精神相比，确有天壤之别。在古代的中国，楚项羽看到秦始皇出巡的仪仗就说道："是可取而代之"；汉高祖看到也说："大丈夫当如斯也"。现在分析这二人的心理，则他们并不是为了保全自己的地位而痛恨秦始皇的暴政，实际上不过是以这种暴政为可乘之机，想要逞其个人的野心，夺取秦始皇的地位，做秦始皇所做的事罢了。也许其暴虐的程度没有达到秦始皇那样，但这也不过是懂得笼络人心，手段比较巧妙而已，至于集权专政统治人民这一点，秦始皇与汉高祖之间毫无二致。在我国，自古以来所谓英雄豪杰人物，固然不少，但从他们的事迹来看，不是项羽就是高祖。有史以来，在日本全国，像独立市民所作的那样事迹，连做梦也想象不到（国民不重视自己的地位）。

宗教是支配人类心灵的东西，本来应该是最自由最独立丝毫

不受他人控制丝毫不仰赖他人力量而超然独存的。但是，在我们日本则不然。虽然有人说我国的宗教育神道和佛教两种，但神道始终未能形成宗教的体制。即使在古代有过这种学说，但是早已被吸收到佛教里去，几百年来，从未显露过它的本色。近来，虽然偶尔听到神道这个名称，但也不过是在政府的变革时期，假借王室的余威，想弄一点微不足道的运动而已。这只是一时的偶然现象，照我看来，不能认为它是一个固定的宗教。总之，自古以来，构成日本文明的一部分的宗教，只有一个佛教。但是，佛教从一开始就站到统治者的一边，并依靠了他们的力量。古来日本虽然出现了不少所谓名僧，有的到中国取经，有的在国内创立新派，建立佛寺，教化人民，但大部分都是想博得天子或将军的恩宠，假借他们的势力来传播宗教，甚至还有人以接受政府的爵位为荣的，如任命僧侣为“僧正”、“僧都”等职位就是一例。最早在“延喜式”[①]里，就曾规定，“僧都”以上准于三品。而在后醍醐天皇建武二年的诏旨里，曾规定大僧正准于二品“大纳言”，僧正准于二品“中纳言”，“权僧正”准于三品参议（据《释家官班记》）。根据这种情况，可见当时的名僧也是身兼朝廷的官职，并以其职位与群臣争班次的上下，以席位的高低为荣辱的。因此，日本自古以来虽有宗教，但没听说有过独立的教权。如果现在要了解实际情况，只要到国内有名的寺院，翻阅一下其历史记载，就可以一目了然了。圣武天皇天平年间，在日本各郡都建立了国分寺；桓武天皇延历7年，传教大师在比叡山开

① 905—910年以朝命制定的并用汉文写的有关宫中、朝廷、百官及各地方的仪式、礼节、规章制度的会典。

山立宗，建立了“根本中堂”，以镇都城的鬼门；嵯峨天皇弘仁7年，弘法大师在高野山开山立宗，天皇曾赐给他印符，建立了大伽蓝；此外还有南都的诸山和京都的各寺。在中古时代，还有镰仓的五山；在近代，又有上野的东叡山、东京芝区的增上寺等等；以上这些寺院没有一处不是凭借政府的力量而兴建的。其他，历代天皇中归依佛教的，或者亲王出家的，也非常多。相传白河天皇有八个儿子，其中有六人出家为僧，这也是宗教取得权势的原因之一。只有“一向宗”比较接近于独立，但也未能免于这种弊病。在足利末期的大永元年，一向宗的实如上人曾向天子献纳即位用的经费，因此天子封他为“永世准门迹”赐给他和出家亲王相等的地位。同情王室的衰微贫困，贡献有余的金钱，从僧侣的本分来说，本是应该，但事实并非如此，而是通过“西三条入道”的中介，用金钱购买了这一爵位。这可以说是卑鄙之至。所以，自古以来所有日本国内的大寺院，不是天子、皇后的祈祷之所，就是将军、执政者们所建立的；总之，都是御用的寺院。如果问寺院的来历，不是说有受某某将军封为食米几百石，就是住持的身份如何等，就好像士族叙述他自己的家谱一样，听起来令人作呕。寺院门前不但立着下马牌，僧侣出门时，还前呼后拥，净街开道，有的甚至比封建诸侯还要威风。然而，如果考察一下这种威风的根源，就可以知道这并不是宗教的威风，而是假借政府的威风，无非是属俗权中的一部分而已。佛教虽盛，但是完全被收罗在政权之下，普照十方世界的，不是佛光，而是政权的威力。所以，寺院没有独立自主的教权，归依佛教的人没有信教的诚心，也不足为奇了。这里有一证据，自古以来，日本几乎没有因为宗教而引起战争一事，就可以说明日本的信教者是如何

懦弱了。信仰宗教的具体表现诚心归依的，只有一些无知无学的村妪野夫的流泪哭泣而已。从这种情形来看，佛法只是文盲世界里的一种工具，只能用于安慰最愚昧的人们的心而已。此外，无任何功用也无任何势力。据说在德川时代，曾有僧侣因破了戒——只是在宗教上破了戒，而不是犯了世俗之罪——，而被政府逮捕起来，游街示众，然后处以流刑。从这种例子就可以看出僧侣是多么没有势力，也可以说僧侣就是政府的奴隶。近来政府下令允许全国僧侣食肉娶妻，根据这个命令来解释，以前僧侣之所以不食肉不接近妇女，并不是因为遵奉宗教的教义，而是没有得到政府的许可，所以才不敢不这样。从这些情形看来，不仅僧侣是政府的奴隶，也可以说日本全国根本就没有宗教(无宗教权)。

宗教尚且如此，儒学就更不必说了。儒书之传入日本，已经很久，如在王朝时代曾设有“博士”，天子躬读汉文书籍；在嵯峨天皇时，“大纳言”藤原冬嗣曾建立劝学院，教导皇族和贵族子弟，宇多天皇时，又有“中纳言”藤原行平设立奖学院等等，汉学逐渐普及，尤其是日本的和歌，自古以来就很盛行。虽然如此，这个时代的一切学问，只有贵族子弟才能得到学习的机会，一切著作书籍，也都出于官宦之手。同时，因为印刷技术还没有发明，所以人民根本就无法受到教育。在镰仓时代，虽然录用了大江广元、三善康信等儒学家，但这些人也是为政府服务的，从没听说人民中有过学者。承久3年，北条泰时攻入宇治势多时，后鸟羽上皇曾降下一道圣旨，据说当时在北条所率领的五千余名士卒中，寻找能宣读圣旨的人，结果只找到武藏国人藤田三郎一人。由此可见当时的社会文化水平是多么低了。从这时起一直到足利末期，研究文学完全成为僧侣的事，想学习文字的人，非靠寺院不可。后世把学习文字的学生叫作“寺子”，就是因为这种缘故。有人说，日本印刷书籍，是由镰仓时代的五山创始的，这个说法可能是真的。在德川初期，始祖德川家康，首先任用了藤原惺窝，接着又任用了林道春，以后在太平日久，出现了许多有名的儒学家，一直到近世。如上所述，学术的盛衰完全是随着社会的治乱，并未得到独立的地位，在数十百年的干戈动乱期间，完全被操在僧侣之手，这不能不说是学术上的一大憾事。从这件事看来，也可以了解到儒家的情况还不如佛教。但是，在兵荒马乱时期学术衰微，不仅我国如此，世界各国莫不如此。在欧洲，自中古黑暗时代到封建时代，文化的权利，也是完全操在僧侣之手，到了 17 世纪以后，社会上才开始有了学术。另外，东西洋在学术风尚上也有所不同，西洋各国以实验为主，而我们日本则向来崇拜孔孟的理论。虚实的差别，固然不可同日而语，但也不能一律加以否定。总之，把我国人民从野蛮世界中拯救出来，而引导到今天这样的文明境界，这不能不归功于佛教和儒学。尤其是近世以来儒学逐渐昌盛，排除了世俗神佛的荒谬之说，扫除了人们的迷信，其功绩的确很大。从这方面来说，儒学也是相当有力的。所以，关于东西洋学术风尚的是非问题，暂且不谈，仅就学术发展的过程，说明两者之间的显著的差异。所谓差异就是指，在乱世之后，当学术产生时，这个学术在西洋各国是从一般人民中产生的，而在日本是从政府中产生的。这点有所不同。西洋各国的学术是学者的事业，在学术的推广上，并无公私之别，而只是在学者的社会中；然而我国的学术，却是属于所谓统治者社会的学术，仿佛是政府的一部分。试看德川幕府统治的二百五十年间，国内的学校，

不是幕府本身设立的,就是各藩诸侯设立的。固然也有著名的学者和大部头的著作,但是学者都是诸侯的家臣,著作也都是由官方出版的。固然在“浪人”中也有学者,私人也有刻印书籍的,但是,这种浪人是想做诸侯的家臣而不可得的;私人刻印的书籍,也是希望由官方出版而未能如愿的。在日本国内,从未听说过有学者的学术团体和议论、新闻等的出版,也未见过有传授技术的场所和群众集会讨论的举动。总之,一切有关学术的事情,没有一件是私人办的。偶尔有硕学鸿儒开设私塾从事教学,其学生也必然都是士族。这些人享受世袭的俸禄,侍奉主子,利用业余学习文字。教学的内容也完全符合秉承统治者的要求,专门讲授统治人民的道理。因此,即使读破万卷书,如果不能做官,也是毫无用处。或者偶尔有所谓隐君子的,其实也不是甘心隐居,这些人往往是悲叹怀才不遇,满腹牢骚,不然就是与世隔绝放荡不羁。这种情况就如同日本的学者被关在叫作政府的牢笼里,他们把这个牢笼当做自己的天地,而在这个小天地里苦闷折腾。幸而社会上汉学的教育尚未普及,学者还不多。假如按照汉儒先生们的愿望,出现了无数的学者,都挤在这个狭小的牢笼里,而感到无法容身的时候,其怨恨和苦闷必将更甚,岂非可怜之至。这样牢笼有限而学者层出不穷,这些人根本不知道笼外还有人间世界也不懂得怎样来提高自己的地位,只知道依附当代的权贵,甚至唾面自干而不以为耻。在德川时代,学者一旦得志就是政府和各诸侯的儒官。在名义上虽称为儒官,其实只是给他们一个穿官衣的身份,并不尊重他们,只是把他们当作一种工具使用,同时也不让他们参与所喜爱的政务,仅仅给他们五斗米的俸禄,让他们教导孩子们读书罢了。因为当时社会上识字的人很少，才不得不使用他们，这就好像让“秽多”[①]只限做皮活一样，其卑屈下贱可以说是到了极点。对这种人能要求什么呢？又有什么可责难的呢？在这种人当中没有独立的团体，是不足为奇的，没有一定的主张也不奇怪。而且，政府的专制和压迫人民偶尔也有稍有气魄的儒者对此表示不满，但是，追本溯源，完全是由于夫子自己播种培植的种子生长，蔓延起来以致身受其害，这可以说是作茧自缚。政府的专制是怎样来的呢？即使在政府的本质里本来就存在着专制的因素，但促进这个因素的发展，并加以粉饰的，难道不是儒者的学术吗？自古以来，日本的儒者中，最有才智和最能干的人物，就是最巧于玩弄权柄和最为政府所重用的人。在这一点上，可以说汉儒是老师，而政府是门人，真是可悲，今天的日本人民，有谁不是人类的子孙呢？在今天的社会上，一方面实行专制，一方面受到专制的压迫，这不能完全归咎于现代人，而是从由于多少代祖先传留下来的遗毒。助长这种遗毒传播的，又是谁呢？汉儒先生们的确起了很大作用（学术不但无权，反而助长了专制）。

如前节所述，儒学和佛教对于日本今天的文明，都各有一定贡献，但是都不免有厚古薄今的弊病。宗教的本旨在于教化人心，其教义是永不移易的。佛家和神道家，用千万年前的故事来劝谕今世的人，这也是当然的。但是儒学和宗教不同，专讲人伦社会的道理和礼乐六艺之事，一半是属于有关于政治的学问。这种学问直到现在还不知道变通改进，这岂不是憾事么？人类的学问是日新

① 被压迫的所谓“贱民”，又称“部落民”。

月异的,昨日之得,可能变成今日之失,往年之是,将变成今年之非。必须对每件事物都抱怀疑态度,然后努力探讨钻研,从事发明改革,子弟胜过父兄,后进赶过先进,如此积年累月地一代一代发展下去,才能达到进步和昌盛。只有当我们回顾百年前的许多事物,感到幼稚而又粗野,可笑而又可怜,才能证明今天的文明进步和学术的发展。论语说:“后生可畏,焉知来者之不如今也”,孟子说:“舜何人也,予何人也,有为者亦若是”,又说:“文王我师也,周公岂我欺哉”。从这几句话就可以看到汉学的精神。所谓“后生可畏”的意思,就是说,后进者如果能努力学习,也能赶上今人,所以不可懈怠。因此,如果后人尽最大的努力,充其量也不过达到今人的水平,而且今人又都是些不及古人的末世之民,那么,纵然赶上,也不值得庆幸。如果后进学者发愤自强,立志前进,只是要成为数千年前的虞舜,或者引证周公的话来效仿文王的话,这就好像没有出息的孩子,从老师那里领来字帖,拼命照样摹仿一样。因为从一开始就认为不如老师,写得再好,也不过是摹仿老师的笔法而已,绝不会超过老师。汉儒的系统是从尧舜传到禹、汤、文、武、周公以至于孔子,孔子以后,圣人就断了种,不论在中国,或在日本,再没有出现过圣人。孟子以后,宋代的儒者和日本的硕学大儒,对后世可以自诩,但是对孔子以上的古圣人则一句话也不敢说,而只有叹息自己学圣人而不及圣人而已。所以儒教在后世愈传愈坏,逐渐降低了人的智德,恶人和愚者越来越多,一代又一代地相传到末世的今天,这样发展下去简直要变成了禽兽世界,这是和用算盘计算数字一样准确。幸而人类智慧进步的规律,是一种客观的存在,绝不像儒者所想象那样,不断涌现胜于古人的人物,促进了文明的进

步，推翻了儒者的设想。这是我们人民的大幸。他们如此迷信古代崇拜古代，而自己丝毫不动脑筋，真是所谓精神奴隶（Mental slave）。他们把自己的全部精神为古代的道理服务。生在今天的世界而甘受古人的支配，并且还迭相传衍，使今天的社会也受到这种支配，造成了社会停滞不前的一种因素，这可以说是儒学的罪过。但是从另一方面来讲，如果过去我国没有儒学，也不可能有今天。在西洋所谓"Refinement"，即陶冶人心，使之进于文雅这一方面，儒学的功德的确不小。不过，它只是在古时有贡献，时至今日已经不起作用了。当物资缺乏时，破席也可以作被褥，糠麸也可以抵食粮，更何况儒学呢？所以过去的事情不必追究了。从前用儒学来教化日本人，如同把乡下姑娘送到府第里服务一样。她们在府第里必然学会举止文雅，聪明才智也可能有所增长，但活泼的精神完全丧失，而变成一个不会管家务的无用的妇女。因为当时，还没有教育妇女的学校，所以到府第里去服务也未尝没有道理。可是在今天，就必须衡量其利害得失而另定方向了。

自古以来，我们日本号称义勇之国，武人慓悍而果断，忠诚而直率，与其他亚洲各国相比毫无愧色。尤其是在足利末年，天下大乱，群雄割据，连年战争，当时日本武风之盛是空前未有的。有一败而亡国的，也有一战功成而建立基业的，既不论门第出身，也不论资历如何，功名富贵转瞬可得。日本这时的情况和罗马末期北狄侵入时期的情况相比，虽然文明程度有先进与落后之不同，但确实相像。在这种时势下，日本的武人应该自然产生独立自主的精神，像日耳曼野蛮民族所遗留下独立自由的精神那样，我国人民的风气应该发生一场变化。但事实并非如此。正如在本章的开头所述，权力的偏重，自有史以来，就无孔不入地渗透在一切人的关系中，即使经过震动也没法改变它。这个时代的武人，虽然好像是豪迈不羁，但是这种豪迈不羁的气概，既不是出于本身的慷慨，也不是出于自以为是个男子汉，目空一切，要求个人自由的心情。不是由于受到外界的引诱，就是借外界的力量而产生的。什么是外界的力量呢？这就是为祖先、为门第、为君、为父或为本人的身份等等，凡是这个时代出师的名义，没有不是假借这些东西。如果没有祖先、门第、君、父、身份等等，就要故意制造名义作为借口。无论是多么文武双全的英雄豪杰，没有一个是单靠他的智勇举事的。兹举一两个例子来说明。在足利时代末年，四方豪杰，或假借驱逐他的主人，或为君父报仇，或为复兴祖先门第，或为保全武士的尊严等理由，而纠集党羽各霸一方，形成割据之势。但是他们所期望的却只是晋京一事，究竟晋京的目的何在呢？无非是要谒见天子或将军，假借用其名义以号令天下。至于未能晋京的，也要在原地拜领王室的封官，以这种官职，作为光宗耀祖和控制部下的一种策略。这种策略是古来风行于日本武人间成为一种惯例，如源、平两氏等酋长也莫不如此。至于北条氏，他并不直接要求最高的官位，在名义上还保存着将军，而以五品官的身份，掌握天下大权，他不仅把王室当作工具，同时也利用了将军的名义。表面上冠冕堂皇，实际上完全出于用心卑鄙，其中含有不可告人的目的。又如足利尊氏采纳了赤松圆心的计策，怂恿后伏见天皇降旨，立王子为光明天皇。这件事，任何人看来，都知道并非出于尊王的本意。织田信长最初俘虏了将军义昭，但后来感到将军的名义不如天子，于是驱逐了义昭，直接挟持了天子。这并不是由于谊厚，事实上是最露骨的阴谋诡计，是天下人有目共睹有耳共闻的。然而，他在表面上仍然高谈忠信节义，利用形同儿戏的名分作为借口，自以为得计，而他人也不怀疑，这是什么道理呢？因为在他的党羽中，不论上下都得到了巨大的利益。自有史以来，日本武人就遵循着本国人与人之间的规矩准则，生活在权力偏重的环境中，从不以对人屈从为可耻，这和西洋人的爱惜自己的地位，尊重自己的身份，以及维护自己的权利相比，有着显著的区别。所以，虽在兵荒马乱的时代也不能打破这种人与人之间的规矩准则。例如一姓之中有大将，大将之下有家臣，其次有骑士，再次有步卒以至于杂役，僮仆，上下的名分非常明确，其权利义务也随着名分而有所不同，没有一个不受压迫的，也没有一个人不压迫别人的，这就是既受别人压迫又压迫另外一些人，既屈从于此，而又骄矜于彼。譬如，有甲乙丙丁等十人，乙对甲卑躬屈膝，好像是受到不可忍受的耻辱，但乙对丙却趾高气扬不可一世。所以用后者的得意以补偿前者的耻辱，使其不满得到平衡。如此丙取偿于丁，丁又求之于戊，一环套一环无休无止。这恰如借钱给东邻而向西邻索还一样。如果以物质作比喻，西洋人的权力就像铁，既难使它膨胀，也难使它收缩；而日本武人的权利，则好像橡胶，其胀缩的情形随着接触物的不同而不同，对下则大肆膨胀，对上则立时收缩。把这种偏轻和偏重的权力，集成一个整体，就叫作武人的威风，遭受这个整体压迫的，就是孤苦无告的小民。为小民着想固然可怜，但从武人集团来说，却不得不说这是上自大将下至杂役僮仆的共同利益。不仅是求得了共同利益，而且还似乎保持了上下关系的整齐和秩序。所谓秩序，就是指在他们集团之内上下之间，人人都表现出卑屈的丑态，但是他们硬把整

体的光荣，作为自己的光荣，反而抛弃了个人的地位，忘却了卑屈的丑态，由此另外制造成功一种秩序，并且安于这种秩序。习惯成自然，终于形成了他们的第二天性，这种习惯无论在任何情况下都不动摇。威武不能屈，贫贱不能移，这就是武人特有的风气。如果单就某一点或某种场合来说，也可能有不少值得羡慕的地方，例如昔日三河武士隶属于德川氏的情况就是这样。武人的相互关系既然是这样，那么，为了维持这种关系，必须有一种无形的最高权威。这种最高权威就是王室。然而，事实上人类社会的权威，应该是属于人类的智德，所以，如果没有真的智德，真的权威也不可能属于王室。于是武人们想出一种策略，只把保留王室的名义，使它徒拥虚位，而把实权掌握在武门手里，这就是当时的四方豪杰，所以热衷于晋京和故意保存形同儿戏的名分而加以利用的缘故。如果寻求其根源，那就是由于，日本的武人没有个人独立的精神，因而不以这种卑鄙的行径为可耻(乱世的武人没有个人独立的精神)。

现在特别提出一件自古以来被人们忽略了的事情，从这件事情便可以看出日本武人没有独立自主的精神。这就是关于人的姓名问题，本来人的名字都是父母给起的，成年后也有改名的，但这不是应该受他人的指使。有关衣食住的用品，好像可以按各人之所好自由选择，但多半要受外界的影响，随着社会的风尚而改变。然而，人的姓名却不同于衣食住上的用品，命名时当然不受别人的指示，即使是亲戚朋友，如果不是本人向他们征求意见，谁也不能随便过问，在有形的事物中，这可以说是最自由的一部分。在用法律规定禁止更改姓名的国家里，当然要遵守法律，这样也不算妨碍自由。而在可以自由更改姓名的国家，例如想把源助这个名字改为吉平,或者不改,这种自由完全属于个人,就如同夜间睡眠时脸向左侧躺着还是脸向右侧躺着完全由自己决定一样,根本与他人无关。可是,古来日本武门竟有接受赐予“偏讳”而准许冠姓的惯例,这是一种卑屈低劣的风气。即以上杉谦信的英武也未能例外,也曾接受将军义辉的偏讳改名为辉虎。还有更甚的例子,如在关原之战以后,天下大权归于德川氏,诸侯中凡是冒姓丰臣或松平的一律恢复本姓,这种改姓也许是出于自愿,也许是奉命而行,但无论如何,都是一种卑屈的行径。或者有人要说,改名冒姓是当时的风俗,并无人介意,所以今天不能加以责难。其实绝对不然。凡冒用他人姓名的,其内心并不会愉快,这是古今人之常情。由下述情况可以证明,足利时代永享 6 年,镰仓的将军持氏之子,成年后命名为义久,当时曾有管领上杉宪实建议应循例请求赐室町赐讳,但未采纳。此时持氏已经有独立的意思,姑不论其意图如何,总之,他可能认为冒用他人的姓名是可耻的事。再如德川时代,相传细川氏曾谢绝过赐姓松平,这件事民间传为美谈。这件事是真是假虽不清楚,但是从这里可以看出,在把这件事当作美谈这一点上,却是古今相同的。上述有关姓名的问题,虽然不是什么大事,但是这件事却说明了古来以义勇见称的武人,其实是何等的卑鄙怯懦,同时还为了说明有着权威的政府,其力量是如何可怕,而且这种力量能够渗透到人心的深处,足以控制人心的动向,在这里多赘述了几句。

如上所述,日本社会从上古以来就分为统治者与被统治者两个因素,并形成了权力的偏重,直到今天这种情况仍未改变。在人民之中也没有争取自己权利的,而宗教和学问也都控制在统治者

的手里，从未能获得独立。乱世的武人虽然貌似义勇，但不懂得什么是个人。无论乱世或治世，人与人的关系，从最大到最小，到处都存在着偏重现象，同时，不依靠偏重，则任何事情也行得通。这种情况，恰如用一种药治万病，靠这一种药的功效来滋补统治集团，然后把他们的力量集中在当权者一人手里。如上所述，无论王朝的政治或将军的政治，无论北条、足利的策略或德川的策略，其实质都是一样。如果说彼善于此，或此逊于彼，不过是视其运用这偏重的手段巧拙而判断其得失罢了。只要把偏重的手段运用得宜，能把最高权力集中于执政者的手里，便是万事大吉，别无所求了。根据古来的习惯，有所谓“国家”二字，这个“家”字不是指人民的家，而是指执政者的家族或门第。所以国就是家，家就是国。甚至把增加封建政府的财富也叫作就是为了“富国”，这种情况表明“国”已经被“家”吞没了。因为用这种思想来定政治的根本方针，所以想出的策略也只有企图把偏重的权力集中于一家了。山阳外史，曾评论“尾大不掉”为足利的政治的重大失策。也就是说，足利氏没有实现偏重，未能把权力集中于足利一家而已。作为当时的儒者，当然会有这种看法，不过，这毕竟是只知有家而不知有国的论调。如果认为足利氏的“尾大不掉”是失策，那么，对于德川的“头重脚轻”就不能不感到心满意足了。自古以来，所有集权政治，再没有比德川氏运用得更巧妙更漂亮的了。自从德川氏统一了日本以后，便为他的一家大兴土木，耗费了诸侯的财富；另一方面却拆毁了各藩诸侯的堡垒，禁止各藩修筑城郭，禁止建造大型船只，不许军火运入首府，并将各诸侯的妻子拘留于江户，叫他们兴建宅邸，引导他们浮华堕落，不使从事正业。如果看他们还有余力，就借“效劳”或“警备”等等名义，使他们疲于奔命。这种有令必行，有命必遵的情况，恰如先挫伤了人家的手足然后与之角力一般。在集权的政治中，这可以说是最高明的典型了。倘为德川家族的利益着想，确实可以说是极尽巧妙的能事了。本来，成立政府，必须保持一定均势由中央掌握权柄以控制全局，需要有这种均势的，不仅仅是我们日本，世界上任何国家也都如此。野蛮未开化的古代日本人，尚且懂得这种道理，所以，从数千年的古代以来，一直对于“专制”念念不忘。何况在文化逐渐进步的后世，谁能设想剥夺了政府的权力以后，还能实现文明呢！政权存在的必要，就是小学生也会知道的。但在西洋文明的各国，这种权力并不是来自一处。政令虽出于一个政府，但其政令是代表全国人民意志的，即或不能代表全体的意志，也是根据人民的意见稍加变通，或把各方面的意见加以综合，而集中起来统一发号施令罢了。然而日本，自古以来政府与国民的关系，不仅是主客关系，也可以说是敌对关系。德川政府耗费诸侯的财富，就无异于战胜者索取战败者的赔款。禁止国民造船，制止诸侯筑城，也无异于战胜者拆毁战败国的炮台。这是对本国人所不应有的行为。

处理社会上一切事物时，在步骤上，都分为第一步和第二步。在处理第一个阶段，即迈第一步时，必须首先考虑到怎样适应第二步。因此，也可以说是第二步支配第一步。譬如，谚语所说的“苦为乐之因”和“良药苦口”，就是如此。把痛苦当作痛苦而躲避，把苦药当作苦药而厌恶，这是人情之常。如果只看事物的第一步，那么，躲避或厌恶，也似乎是应该的。但假如为第二步即安乐和恢复健康着想，就不能不忍受第一步的苦了。至于权力的偏重即集权，也是为了暂时维系全国的人心，在处理事物上，定出先后的顺序，这也是不得不如此的，绝不是出于恶意，这就是所谓第一步的措施。不仅如此，偏重运用得巧妙的，偶尔也可能达到惊人的漂亮，但在发展到第二步时却暴露了以往的弊病和第一步处置的不当。由此可见，专制政治愈巧妙，弊病愈甚，统治愈久，贻害愈深，终于成为难以医治的遗毒。德川时代的太平，就是一例。到了今天，想改革社会状况，进入人的关系的第二步的时候，情况异常困难。原因何在呢？在于德川的专制方法十分巧妙，而且统治的年代又很长久。我曾经对此这样评论过："粉饰专制政治，好像闲散的退休者摩擦心爱的葫芦，虽日夜不停费尽心力，而结果仍然是个圆形的葫芦，只不过是增加些光泽罢了。当时势已变将要发展到第二步时，仍然留恋旧的事物而不知加以变通，为了追求根本无法获得的东西，而在脑子里虚构出一个幻想，然后把它当作事实来追求，求之不得因而感到苦闷，这就像不知葫芦已有裂痕，仍在摩擦一样，未免太愚蠢了"。我这样说可能是对的。总之，这都是只看到事物的第一步而不知有第二步，只停止在第一步而不迈进到第二步，而以第一步妨碍了第二步。如此做法，即使用第一步的偏重，保证了事物的顺序，但实际上不但未达到目的，倒把人的关系窒息了。既然使人的关系窒息了，那么，山阳外史里所说的"尾大不掉"也好、德川的"头重脚轻"也好，孰是孰非无从分辨。总之，外史之类也只是着眼于事物的第一步，是一种摩擦葫芦之见。

试看德川的统治，人民就如同处在那种专制偏重的政权下，如果考察当时的社会情况和人民的活动，就好像日本全国几千万人民，被分别关闭在几千万个笼子里，或被几千万道墙壁隔绝开一样，简直是寸步难移。不但在身份上有士农工商之别，而且在士族中还有世禄世官的，甚至像儒官、医师等还要世袭其业不得改变。农民也各有不同家世，商工业也有固定的股份。这种界限，简直像铜墙铁壁，任何力量也无法摧毁。人们纵然才气十足，但因没有机会发挥所长，只好退一步苟全性命了。经过几百年之久，这种习惯终于变成了人的本性，以致完全丧失了“敢做敢为的精神”。譬如，贫苦人民，因为都是无知的文盲，受人轻蔑，以致年年岁岁贫上加贫，这种痛苦，简直是人类世界中最甚的，然而，他们却没有克服困难敢作敢为的勇气。对于不期而至的苦难，虽然善于忍受，但没有人积极去克服苦难而争取未来幸福的。不仅贫苦人民如此，就是学者和商人也莫不如此。总之，日本人缺少普通人类所具有的朝气而沉溺于停滞不动的深渊中。这就是为什么日本在德川统治二百五十年间极少有人敢于创造伟大事业的根本原因。这也是最近虽有废藩之举，而国民风气依然未变，统治者与被统治者的界限，还是十分清楚毫未改变的原因所在。如果溯本穷源，完全是由于权力的偏重所致，也可以说是忽视事物第二步所贻留的弊害。所以，假使不察明这种弊害，清除这种偏重，无论处于乱世还是治世，文明都不会进步的。不过，如何治疗这种病患，属于现代政治家的工作，而不是本书所要讨论的问题，我只是介绍这种病患的情况而已。本来，西洋各国的人民，也有贫富强弱的不同，富强的对待贫弱也可能有刻薄残忍的或傲慢无礼的，贫弱的为了名利也可能有谄谀他人或欺骗他人的行为，他们相互间存在的丑恶情况，也与我们日本人无异，甚至有甚于日本人的。但是，即使在他们这种丑恶的表现的时候，每人还保持着个人的思想，并不妨碍精神的爽朗。

其刻薄傲慢，只是因为富强而不是另有所恃。其谄谀欺诈，也只是因为贫弱而不是另有所惧。同时，富强和贫弱都不是天生的，是人的智力可争取到的。既是可以用智力而取得，即使实际上不能成功，人们完全可以依靠自己走独立进取的道路。假使向西洋的贫民询问这个问题，他们在口头上虽然不能说，但在内心里会这样回答：因为我穷所以才服从富人，只是在贫穷的状况下才受他们的控制，我的服从将随着贫穷的消失而消失，他的控制也将随着富贵的消失而消失。所谓精神爽朗，就是指这种心理而言。我们日本人自有史以来，就因囿于社会上偏重的陋习，人们在交往中不论贫富强弱，也不问智愚贤不肖，只是根据他的地位，或对人轻蔑或对人恐惧，毫无活泼气象，这和固守自家门墙的西洋人相比，不啻霄壤之别（不论治世或乱世，只要权力有所偏重，文明就不能进步）。

这种权力的偏重给全国经济带来的影响，也是不容忽视的。讨论经济问题本来就是一件极其复杂的事情，问题不易弄清楚。由于各国的情况不同，不能把西洋各国的经济理论，原封不动地搬到日本来，这是毫无疑问的。但这里有两个原则，无论在任何国家，任何时期都可以普遍适用。第一个原则就是关于财富的生产和消费问题。生产和消费的关系是密切相联而不可分的。生产就是为了消费，消费又是为生产提供条件。譬如，春季散播种子是秋季生产粮食的手段，在衣食住上花费金钱，是为了保护身体的健康和培养体力，同时又对生产衣食住等需要的物品提供了条件。但是在生产和消费的问题上，也有消费而不生产的，比如火灾、水灾就是这样。或者由于穷奢极欲，把财物消费得一干二净，这也无异于水火的灾害。在经济上重要的，绝不是禁止消费，而只是要看消费之后，所得的东西多寡，以判断其消费是否得当。所得的东西超过了其所消费的，这叫作利益；所得和消费两者相抵，便叫作收支平衡；如果所得少于消费或毫无所得，便叫作亏损或完全损失。经济家的目的，在于如何能使所得超过消费，从而逐渐积累和有计划地消费，以达到全国富裕起来。所以积累和消费这两件事，不能把任何一方作为手段，把任何一方作为目的，也不能认为任何一方在先任何一方在后，既没有先后缓急之分，也没有难易轻重之别，完全是同等的，应该以同样对待等量齐观。这是因为：只知积累而不善于消费的人，最后不会获得大量的积累；只知消费而不善生产积累的人，最后也一定不能有大量的消费。富国的根本问题就在于不断扩大积累和消费，积累和消费大的国家就叫作富国。由此看来，国家财富的积累和消费，应该按照全国人民的意志来进行。既然有“国家财富”这个名词，也就应该有“国家意志”这个名词。国家财富应该以国家意志来处理。如政府的岁入岁出也是国家财富的一部分，所以西洋各国关于政府的财政问题要与人民进行协议，就是由于这个缘故。第二个原则是，在积累或消费财富时，必须有相应的智力和处理财务的习惯，即所谓理财的能力和理财的习惯。譬如千金之子多半败家破产，赌博致富者多半不能久享，这就是由于财富与他们的智力、习惯不相适应的缘故。如果没有这种智力和习惯的人拥有过分的财富，则不仅要糟蹋财富，而且恰如给儿童一把利刃一样，反而会招致伤害本身或伤害旁人的祸患，古今有很多这样例子。

上述两个原则如果是正确的话，那么与它对照一下，就可以看出自古以来我们日本经济的得失了。王朝时代的情况姑且不谈，

这里仅从葛山伯有先生所著《田制沿革考》援引如下一段话：

源平之乱时，征发之事不由政府，人民也无所适从。一乡一庄的土地，既要缴纳于官，又要缴纳奉于平氏和源氏，再加上间有奸宄之徒，从中抢夺粮食，无告之民，陷于涂炭之苦。后来源公秉政，郡设守护，庄设庄头，而国司、庄司仍然存在，人民俨如奉戴两君……。到了足利时代，虽没有制定其他统治郡县的政令，但把国、郡、乡、庄全部分给了武士，租税则一任领主征用。此外，又征五十分之一作为自奉。例如，产粗米五十石的土地，抽出一石运往京城，充作将军的厨膳之用。也有时增至二十分之一。而守护、庄头更可以斟酌自己的需要数量，自行征收以致造成双重租税。……。至于"段钱"、"栋别"、"仓役"等的征收，更是不按时候。所谓"段钱"，就是按田地出的钱，等于目前的土地税；所谓"栋别"，就是房产捐，等于目前的房捐；所谓"仓役"，就是专向富农富商征收的，等于目前的财产税。在义满公时期，财产税是按四季征收的，在义教公时期，一年内征收过十二次，在义政公时期仅仅十一月份就征收过九次，十二月份又征收了八次之多。因此，农民背弃田舍流落四方，商旅倒闭不能交易。这是根据应仁记的记载。应仁记中还说："自丰臣氏统一天下至文禄三年，才正式规定了全国租税制度，据此，三分之二归庄头征收，三分之一归农民所有"。又说："到了开国初期（德川），因厌恶前代的苛刻，遂将租税减低三分之一（即所谓四公六民的法令），始解人民于倒悬"云云。

根据上述考证，古来我国租税无疑是非常苛刻的。到德川的初期，才稍为放宽，但是岁月渐久，又不知不觉地恢复了旧日的苛税。古来所谓有识之士，常认为农为国本，指责工商业者，缴纳赋税极少，或完全不缴纳赋税，饱食终日不劳而获，于理不合云云。但如果细察事情真相，工商业者也绝非不劳而获，偶尔也有极少数的富商巨贾过着坐享其成的安逸生活，但这也是依靠资本以谋利，无异于地主富农之拥有大量土地不劳而食。至于小商人，即使不直接向政府纳税，而他们在经营上的困难，也无异于农民。在日本，自古以来就没有工商税。因为没有税，所以从事工商业的人数就自然增加，但是也有一定的限度，就是在农民的利益和工商业者的利益达到平衡时为止。譬如，农民们耕种公四成民六成（税率）的土地，所得固然不多，但在平常年景尚可勉强养活妻子。至于居住在城市里经营免税营业的工商业者，比起农民虽似有利，但仍然有很多人不免于冻馁。这是什么道理呢？这是因为有同业的竞争。本来全国的工商业就有一定的限度，在一定的地区内事情不增加，只增加人员，结果，十人可以做的事情，分给了二三十人，一百人应得的钱，分给了二三百人，应得三成利润的生意减低为一成，应得二千文的工资降低为五百文。由于同业间的互相竞争，自己降低了利润，结果给他人带来了利益，连农民也要得到这种利益。所以，工商业者表面上虽然无税，但实际上无异于有税的农民。如果工商业有获得厚利者，多半由于政府采纳了所谓有识之士的建议，设置种种障碍，防止了农民的转业营商，因而才能在人数比例较少的情况下，得到些专卖的利润。由此看来，农业和工商业，是利害一致的，同是从事有益于国家的事业的。虽然表面上存在着有税与无税的区别，但二者都不是不劳而获的，都是为国家积累财富的人民。

所以，在人的关系上有统治者与被统治者之分，而在经济上则

有生产者和不生产者之别。这就是说，农工商以下的被统治者是生产者，士族以上的统治者是不生产者。或者借用上段的名词，一种可以叫作积累的阶层，另一种可以叫消费的阶层。这两个阶层相比较，在劳逸得失上当然不公平，但是在人口过多，资本集中，在被迫互相竞争谋求职业的情况下，必然造成富者安逸，贫者劳苦的现象。这不但我国如此，也是世界上普遍存在的病态，是无可奈何的现象，因而也就无可厚非了。况且，虽然把士族以上的统治者，叫做不生产者或消费者，但政府需要有文事武备，以维持国家的秩序，这是为经济的发展服务的，所以不能说政府的开支都是浪费。在我国的经济上，特别不合理而且特别不同于其他文明国家的地方，在于对待同一国家财富的积累和消费时，不是抱着同样的态度。根据我国古来的一般情况，人民经常是积累财富的。例如按四公六民税法，人民以生产的六成供养父母妻子，其余四成缴纳政府。但这部分租税一旦缴纳之后，就不知去向，也不知作何用途；有无剩余，有无不足，一概不知；总之，人民只知积累而不知消费的情况。而政府在一旦取得这部分租税之后，也忘掉它是从何而来，也不知道是怎样得来的，把它看成好像是从天上掉下来的东西似的，不假思索，任意挥霍；换句话说，只知消费而不知积累。前面已经说过，经济上第一项原则是，积累与消费是同等的事情，必须同样看待。但由上述情况看来，却是以两种态度对待同一事物，这好比两个人写一个字，分为左偏右旁每人写一半似的，很显然，任何高明的书法大家也写不好。像这样把上下的心情截然分开，不仅所见到的利益各有不同，互不了解，甚至看到对方的举动，也互相不以为然。这样，怎能不产生经济上的不合理现象呢？应该消费的不消费，不应该消费的反而消费，根本不能得到应有的平衡。足利义政在天下大乱之际，兴建银阁寺，在别墅的屋脊，装饰珠玉金银，靡费达六十万缗之巨；只修建高仓官邸的一面隔扇就花费了二万钱。由于奢侈无度，虽一再向人民大量剥削地税房捐，但国库仍然空虚，毫无积蓄。这可以就是上下都贫困的时期。太阁在内乱以后，兴建大阪城，接着又远征朝鲜，对外有巨额军费开支，内有宴乐的铺张浪费，而竟能用黄金铸成金马贮藏起来。这可以说是下贫上富的时期。又如历史上以贤明见称的北条泰时以及时赖、贞时等，大约皆自奉俭约。至德川时代，在其初期，明君贤相辈出，政府的措施无可非议，如与足利义政等时期相比，固然不可同日而语，但是也未听说民间有致富而兴办大事业的。作为北条及德川的遗迹流传到今天的，最著名的是镰仓五山、江户城、名古屋城、日光山、东叡山、增上寺等等，这些古迹都是非常宏伟的。但令人不解的是，在那个时代的日本，为什么要兴建如此巨大的工程，是否真是适合于当时全国经济的情况呢？这是我不能置信的。再如国内现有的城池、神社佛寺的古迹和大佛、大钟或大寺院等建筑物，如此雄伟，大都不是象征神道佛教的昌盛，而只是表明独裁君主权势的强盛而已。当时虽然也有少数水道沟渠等的建造，但绝不是出于民意，只是由于当时君相有司等的好事，即所谓考察人民的疾苦，为之兴利罢了。本来，在人民没有知识的古代，政府独断专行，也是势所必然，哪里会有人提出异议？所以，绝不应该以现在的眼光去评价古代的是非，但是，把国家财富的积累和消费截然分开，在经济上造成无限的不合理现象这一点，则不论在明君贤相的时期或暴君污吏的时期，都未能避免。这种情况异常明显，所以后世

应该有见及此，以免重蹈覆辙。虽然说明君贤相须把财富用于必要的事业上。而这个必要，是根据君相的意思决定的，所以，只是出于个人的喜好，有以武备为必要的，有以文事为必要的，也有以真正的必要为必要的，但也有以不必要为必要的。在足利义政时期，政府曾下令废除一切借贷契约，人皆称为德政。在德川时代，也有类似的例子。这种情况，如果从政府来说，似乎也是德政。国内的积累者对于消费者采取了丝毫不加过问的态度，消费者也不是量入为出，而是出入全无限制。政府只是看到人民生活不比过去坏，就自以为是最大的仁政，别的就不管了。年年岁岁反复总是这样，这边积累那边消费，就像两个人共写一个字，一直流传到几百年后的今日。如果把古今作一比较，考察全国经济的发展过程，其进步的迟缓，实在是惊人的。例如，在德川氏统治的二百五十年间，国内从未用兵，这可以说是世界上罕有的太平了。处在这个世界上空前的太平盛世，日本人民虽愚，工艺虽不发达，积累虽缓慢，在这二百五十年间，经济上也应当有长足的进展，然而事实并非如此。这是什么缘故呢？这绝不能仅仅归罪于将军及各诸侯的无德。假使这是由于君相有司的无德无才所造成的灾祸，则其无德无才并非其本人之罪，而是因为处在他的地位，客观形势迫使他不得不变成无德无才。所以从经济方面来说，明君贤相也并不那样伟大，天下太平也并没有那么好。有人说：战争的确是可怕和可憎的灾祸，但是它对国家经济的影响，就好像人身上的刀伤，虽一时感到可怕，只要不伤要害，很快就会平复。而唯独在经济上，特别可怕的不是刀伤，而是像痨症那种逐渐使人衰弱的病症。根据这样说法，我们日本的经济，原来因为权力的偏重而分成积累者与消费者，双方之间不通声气，即使不是逐渐衰弱，也是长期停滞不前。在数百年间虽然稍有进步，但并未达到繁荣活跃的境地。即使在德川氏二百五十年的治世，也无显著的进步。这可以说是害了所谓经济痨症。自古以来，日本学者就主张政府的税务官与郡县的税务官在职权上应该分权。察其用意，也许是认为由政府税务官收税，容易造成聚敛，因而主张授权于接近人民的郡县税务官，以便稍加节制。当然，划分同一政府之内的官吏职权，事实上并无益处。但从这种主张的用意可以了解到，古人并非不知道把财政权完全交给消费者的害处。

经济上的第二项原则，是对于财富的积累或消费必须有相应的知识和管理的习惯。本来，理财之道在于活泼果敢和节俭克制。两者必须适当配合，互相约制，保持平衡，才能使积累和消费扩大起来。如果偏于一方，缺乏果敢的做法而只知节约，就会陷于贪婪吝啬；如果忘掉节俭，一味果敢做去，就会造成浪费挥霍；这都是与理财的原则背道而驰的。然而，如上所述，把全国人划分为积累者和消费者两个阶层，在界线划分明确的情况下，整个阶层的做法，必定偏于一方。例如积累者虽具有节俭克制的思想，但因缺乏果敢的做法，而失于吝啬；消费者虽具有活泼果敢的地方，但因违背节俭的精神，而失于浪费。日本的国民教育虽不普及，但天资并不愚蠢，对于理财一事，没有理由认为特别拙劣。只因人事关系，把不应分割的事业分割开来，以致形成了各阶层的不同习惯，不同做法，从而陷于拙劣。但就其行为的本质来说，并不是恶劣的，如果调和适宜，则可以产生果敢活泼和节俭克制，对于理财会起到最好的作用。但是没有起到这种作用，反而变成了浪费挥霍和贪婪吝

啬，这并不是因为本质的恶劣，而是由于调和失宜所致。例如使氧和氮化合就变成空气，为动植物的生存所必需。但是，若把这两种元素分析成单独的气体，则不仅对生物不起良好作用，反而有害于生物的生存。从我国古来的理财情况来看，凡是支配金钱举办事业的人，一般都是士族以上的统治阶层。在政府里兴建的土木工程和执行文事武备计划的当然不用说，其他如社会上一切读书、习武、研究技术和爱好风雅等，除去谋求个人的日常生活外，不管是否有用，能够有余暇去从事人生中比较高尚的事情的，也只有士族以上的人。所以他们的行动自然灵敏活泼，敢作敢为，这的确可以称为我国文明的根本。然而唯独对于理财一道，由于千百年来的积习，这些人只知出而不知入，只知消费而不知积累，只知消费现成的东西而不知创造没有的东西，在这种情形下，浪费挥霍的弊病也就不可避免了。况且积习既久，形成一种风气，认为理财之道不是士君子的事，不但不以不懂为耻，反而以懂为辱，结果，最高明的士君子和最笨拙的理财者，便成了同义语，这可以说是迂腐已极。再看看农商以下的被统治阶层的情况，他们和上层阶层之间存在着明确的界限，恰如两个世界，人情风俗迥然不同，他们受上层阶级的统治和轻侮，谈话时的称呼不同，坐的席位有区别，服装也受到限制，适用的法律也有不同，甚至有关生命的权利也操在上层阶级的手里。据德川时代的律书所载：

> “凡各役卒，倘发现商人百姓等贱民有非法言论和不轨行为，不得已而格杀者，经调查属实后，免予追究”。

根据这条法律，商人和农民好像经常面对着千百万敌人，如果能够活着，只是幸免于不死而已。既然生命都得不到保障，又怎能顾及其他呢？既无廉耻功名之心，也无钻研文学艺术之志，唯知服从政府法令，缴纳赋税，可以说身心都被束缚着。然而，人类的思想活动是本能的要求，不是用任何方法所能完全压制或禁锢的，它总会找到空隙和发挥的途径。这些商人农民想改变其身份固然不可能，但在积累私人财富，经营产业方面，却有充分发挥其智慧的宽阔余地，很少受到阻碍。因此，稍有才干的人就竭力积蓄财富，经历千辛万苦节俭克制，其结果，也有积累了巨万之富的。但是，这种人只是为了致富而致富，并无其他目的。勤俭致富并不是为了达到某种目的的手段，而只是把它当作生平的唯一目的。所以，他们认为世界上除去财富以外，再没有可贵的东西，认为财富是拿任何东西都不换的。对于学术等属于人类精神方面的崇高事业，不但不加理睬，反而认为是一种奢侈而加以禁绝，甚至看到上流人的这种举动，还窃笑其迂阔。这种思想在当时的情况下，固然不无道理，然而，其品格的卑劣和精神的懦怯，实在可鄙。如果调查一下日本国内号称富豪的来历和他们的兴衰，便可以得到明证。自古以来，白手起家成为巨贾豪农的，都不是学者士君子之流，其中百分之九十九是不学无术的粗人，他们对于可耻的事也不以为耻，不可忍受的也能忍受，一味吝啬终于积累了财富。至于败家者，不是本身无能，不从事生产积累，就是沉湎酒色穷奢极欲，因而耗尽资财。这与士族之流的超然物外不事生产，追求所好，不肯降志屈节，因此而陷于贫穷也不介意的情形相比，是不可同日而语的。当然，因沉湎于肉欲而败家和因超然物外而破产，在败家破产这一点上并无二致，但从思想方面来说，上层人物尚存有智德活动的一面，而下层人物则只知道贪财图利以满足肉体之欲而已，因此，两

者行为是有很大差别的。由于以上情况，被统治阶层的节俭克制变成了贪婪吝啬，而统治者阶层的活泼果敢变成了浪费挥霍，两者都不利于理财，所以才造成今天这种情况。我们日本固然贫穷，但天然物产并不缺乏，况且在农业方面，与世界各国相比较，也有很多值得夸耀之处，绝非天然的贫国。我们的税法也许苛刻些，但并不是将税款投入大海，它还是留在国内成为财源的一部。但是，日本全国为什么贫穷到现在这种地步呢？这不是因为财力缺乏，而是缺乏理财的能力。也不是缺乏智力，而是由于智力被分割为两段，上下不通气的缘故。总而言之，日本国家的财富可以说自有史以来一直到今天，还没遇到同它相活应的智力。因此，把这被分为两段的智力配合起来，使其与实际相适应，也就成为目前经济上的急务了。但是，由于千百年来的积习极深，并不是一朝一夕的运动所能改变过来的，最近这个运动已经逐渐抬头，可惜上下两个阶层不能互相采取对方的长处，反而有许多人效仿对方的短处，这也是无可奈何的趋势，不能完全归咎其本人。因为滔滔的天下大势，自上古以来一直冲裹着亿万人类向前奔流。所以，现在仍不能骤然抗拒这股潮流，也是理所当然的合乎情理的。

第十章　论我国之独立

在第八九两章已经论述了西洋各国和日本的文明渊源。从总的情况看来，不能不说日本的文明落后于西洋。文明既有先进和落后，那么，先进的就要压制落后的，落后的就要被先进的所压制。在从前闭关自守时代，日本人还不知道有西洋各国，然而，现在已经知道有西洋国家，并且也知道了他们的文明情况。同他们的文明相比，知道彼此之间有先进和落后的差别，也知道我们的文明远不及他们，并知道落后的要被先进的压制的道理。这时，我国人民首先考虑到的，就是自己国家独立的问题。本来，文明的含义十分广泛，凡人类精神所能达到的领域，莫不属于文明的范畴。在世界各国当中争取本国之独立，只不过是整个文明论中的细微末节，但是，正如本书第二章所述，文明的发展，是有阶段的，因此必须随着它的进展，而采取相应的措施。现在我国人心正在忧虑国家的独立问题，这就说明我们的文明目前正处于使人忧虑我国独立问题的水平，同时也证明了人民都在关心这一问题，而无暇顾及其他。因此，我在文明论的末章，提出我国独立这一问题，也是根据人民总的趋向，对大众所关心的问题提出讨论。至于彻底探讨文明的蕴奥和作深入的研究，只好留待将来以后的学者去完成了。

在封建时代，人与人之间，有所谓君臣主仆的关系支配着社

会。幕府以及各藩的士族，不但向当时的主人效忠，并且还追念到列祖列宗一心一意地报效主家，抱着所谓“食其禄者死其事”的态度，甚至把自己的生命也献给了主家，不能自主。臣下称主人为国之父母，主人爱臣下如赤子，以“恩义”二字圆满而牢固地把上下之间结合起来，其关系之美好也不是没有值得称赞的地方。由于当时普遍存在着尊崇忠义的风气，所以即使不是真正的忠臣义士，也要顺应这种风气而保持高尚的品格。例如，在士族中间教训子弟时，必提到身份和门第等语，或者说：“身为武士者不应有卑劣行为”，或者说“不要玷污祖先的门第”，或者说“不要对不起主人”等等。这些身份、门第、主人，就是士族们应遵循的道义所在，和维持一生品格的纲领，这也就是西洋所谓的道德纲常(Moral tie)。

这种风气不仅存在于士族与国君之间，而且普遍浸透到日本全国人民中间。商人、农民以至于“秽多”和“贱民”之间，凡是人与人相交往的地方，不能大小，都存在这种风气。例如在商人或农民之间有嫡系和旁系之分，在“秽多”和“贱民”之间也分头目与党徒，其规矩之严，犹如君臣一般。

这种风气，或称为“君臣之义”，或称为“祖宗门第”，或称为“上下的名分”，有叫作“本支之别”等等，不论什么名称，总之，日本自古以来，支配着人与人的关系，而达到今天的文明，归根到底，都是由于这种风俗习惯的力量。

近年来，我国和外国有了外交关系，日本文明和外国文明互相对比起来，不但在有形的技术工艺方面落后于外国，就是人民精神面貌也不相同。西洋各国人民智力充沛，有独立自主精神，在人与人的关系上是平等的，处理事物是有条不紊的，大自一国的经济，小至个人的生活，就目前的情况来谈，我们日本人无论如何是望尘莫及的。大体上说，到了今天人们才恍然大悟，完全承认西洋各国的文明和日本的落后。

因此，国内有识之士，探讨日本之所以不文明的原因，首先归咎于旧的风气不对头。于是，为了扫除旧习，才着手进行改革。从废藩置县开始，废除了一切陈腐的东西。诸侯降为华族，武士变成平民，广开言路，登用人才。在这个时期，过去五千石俸禄的大臣也有的变成了兵卒，步卒也有的当上了县令，累世经营钱庄的豪商巨贾也有破产的，身无分文的赌徒也有成为政府的供应商人的，寺院改成神宫，僧侣成为神官。富贵功名完全取决于个人的才干，而形成了所谓功名自在唾手可得的时代。自开国以来深入日本人心的恩义、门第、名分和差别等等的观念逐渐消失，而只重视个人的才干，这种情况，也可以用“人心活泼”，和一般所谓的文明蒸蒸日上等字样来形容。

试问这种功名自在文明蒸蒸日上的情况，是否完全实现了有识之士的目的，都认为这种文明蒸蒸日上的情况是真正的蒸蒸日上而别无他求了呢？绝对不然。有识之士绝不能满足于目前的文明。因为根据现在的情况来观察它对日本人民的思想所给的影响，好像人们刚卸下祖先遗留下来的重担，而尚未肩起代替的新担，正在休息似的。道理非常简单，例如废藩之后，诸侯和藩士之间君臣之义已不复存在，若在暗地里勉强履行君臣之义，便会被指责为不识时务而且也无言以对；步卒充当队长，指挥从前的老上司，老上司也不敢违抗命令，从外表看来，似乎上下易处，法制森严，但实际上，只要老上司拿出点钱，就可以免除兵役，所以，步卒既可以得意洋洋地充当队长，而老上司也可以逍遥自在。赌徒虽然当成了政府供应商人而趾高气扬，而破产商人则只怪时代的趋势，事不由己，也是心安理得。神官自以为得势，喜形于色，而僧侣可以公然娶妻，也是其乐融融。总之，现在上下贵贱都是皆大欢喜的时期，除了贫穷而外，已经没有任何东西能使人感到苦恼的了。力战而死当然是傻瓜，报仇也是无益，出师则有危险，剖腹则疼痛不堪。求学也好，做官也好，都是为了金钱，只要有了钱任何工作都可以不干。真成了“钱之所向，天下无敌”的社会，人的品行，似乎可以用金钱来定其行情。这种情况和往昔窘困的时代相比，怎能说不舒适呢！所以说：“现在的人民，已经卸下了重担正在休息。”

然而，所谓“休息”，是指无任何工作可做而言。如果工作做完或无工作可做，休息也是应该的，然而照我国目前的情况来说，绝非无事可做，而且事情比以往任何年代都要艰巨。有识之士不是没有注意到这一点，他们深知现在还不是休息的时候，因而力图引导人心急起直追。学者开始创办学校，教育人民；翻译家译述原文书籍，刊行于世；政府和人民也都在竭力提倡文学技术，力争上游，但是在人民的行动上，仍不见显著的功效。从事于学术界的人们，虽然不是不积极搞业务，可是，在思想上，似乎还缺乏为了事业不惜抛弃个人利益甚至生命的这种高度的觉悟，总是有些对于事物漠不关心而悠闲自在。

有些人注意到这个问题，认为现代人行为轻薄。而归罪于“忘古”二字，重新提倡大义名分企图复古。为此，他们开始研究这方面的学问，从古昔的神代寻求证据，提倡“国体论”，企图以此来挽救人心，这就是所谓“皇学派”。皇学派的学说并非没有道理，在君主国家，主张尊奉君主，把行政权交给君主，本属理所当然，也是政治上的关键问题，所以尊王之就是无可非议的。然而皇学派关于尊奉君主的问题，没有进一步从政治上的得失去寻求根据，而是归根于人民思古的幽情，更错误的是他们甚至不反对使君主徒拥虚位，这就不能不说是一种崇虚忘实的弊病。本来，人心所向，大势所趋，并非一举手一投足所能轻易改变的，所以，想依靠人的情感，实现尊奉君主的主张，首先必须改变人情，使人们弃旧从新。然而，我国人民，数百年间不知有天子，而仅仅是在传说中提到天子。因此，虽然政治体制因维新运动而恢复了几百年前的古制，但是王室和人民之间依然没有密切的感情。君民的关系仅仅是政治上的关系。若论感情的亲疏，现在的人民由于自镰仓时代以来，就受封建主的统治，所以对于封建的故主要比对王室更加亲密。虽然可以建立普天之下唯有一君的学说，但从实际上看，就可以知道一定要行不通。按现在的情势，人民似乎逐渐忘却旧日的关系，不再怀念封建主了，但是想要重新建立爱戴王室的感情，使其真正成为王室之赤子，在现代人民的思想情况和文明情况下，却是非常困难的，几乎是不可能的。也许有人说，王制革新是基于人民“思古的幽情”，是由于人情已经厌恶霸道的幕府而怀慕王室。这是不考察事实的说法。果真像这个说法，人心思旧的话，人民景慕的也应该是数百年来深入人心的幕府的霸政，并且所有现在的士族及其他标榜祖先门第的人，大多数都要提到镰仓时代以后的情况。因此，应该说霸政的历史也是悠久的，涉及的面也是广泛的。如果说人情是忘旧而慕新，则王政是在霸政以前，可就是最旧的，如果问王

霸两者究竟要忘记哪一个，当然要忘掉最旧的王政。或许有人说，人心趋向王室不在于历史的新旧，而是由于“大义名分”所使然。那么，所谓大义名分当为颠扑不破的真理了，既然是颠扑不破的真理，人类就不可一刻离开它。然而自镰仓时代起，人民不知有王室将近七百年，这七百年究竟是什么样的时代呢？若按这个说法，则这七百年间，成了人民完全迷失方向，大义名分完全扫地的野蛮黑暗时代了。当然，人事的盛衰不应该从一年或几年的过程来判断，但如果人心未泯，明知方向错误的话，怎能忍受七百年之久呢？况且从实际上也可以得到证明，这七百年之间并不完全是乱世，如果寻求现代文明的渊源，十之七八可以说是在这个时代成长而传留下来的。

从上述情况可以看出，王制革新的原因，并不在于人民厌恶霸道的幕府而怀慕王室，也不在于弃新而慕旧，更不在于一时心血来潮想起了已经忘却千百年的大义名分，而是由于当时人民要求改变幕府政治以致促成了王制革新。革新大业既成，天下的政权重归王室，作为一个日本国民，尊奉王室当然是应尽的义务，但人民和王室之间，仅仅存在政治上的关系而已，至于感情，绝不是骤然之间所能建立起来的，如果勉强建立，不但不可能建立起来，反而会使社会上产生更多的伪君子，使人情更加浇薄。所以说，皇学家们的国体论，在今天是不能维系人心的，也不能使人民的品格趋于高尚。

还有一种学者，忧虑今日人心的浇薄，并且知道国体论不起作用，于是便企图从人的灵魂上做工作，推行耶稣教以正人心，使其得到安身立命之地，统一大众的思想，规定人类应奔赴的大目标。

这种说法绝非出于轻率的想法，它的本意，可能是，学者以为今天的人民，一百人有一百人的不同道路，不但在政治上，没有一定的学说，就是在宗教上，信神还是信佛，也无所适从，甚至还有主张无宗教的。诸如此类，最关重要的灵魂尚且得不到归宿，焉能顾及其他人事？这种既不明天道，又不知人伦，既无父子，又无夫妇，恰如现实的人间地狱，对此，忧世之士应该设法挽救。这些人从另一方面来看，还认为宗教一旦能够维系人心，群众的思想就能稳定，再进一步把它推广到政治上，就可以成为国家独立的基础。因此，绝不能认为这是轻率的胡说。如果真能以此道教化现代的人民，从而纠正了人心，使之进入道德之门，纵然不能达到天道的极点，也能使其明确父子、夫妇的人伦，激励其孝顺贞节的行为，了解教育子弟的义务，认识到蓄妾荒淫为坏事等等，对于社会文明都有极大的功德，当然也就无可非议。然而，根据目前我国的情况，对于这种说法，我不能完全同意。因为这些学者们的意思，是要把耶稣教推广到政治上来，作为国家独立的基础，这一点，我是不能苟同的。

耶稣教本来是以“来世的永生”为目的，幸福安乐也求之于永生，疾苦祸患也根据永生来考虑，对未来的惩罚比对现在的惩罚还要害怕，对死后的审判比对今生的审判还要重视。它的学说是建立在把现今的世界和未来的世界截然分开的基础上，因而其立论也就非常宏大，和其他学说迥然不同。其所谓一视同仁，四海皆兄弟，就是指这个地球应该像一家，地球上的人皆如兄弟，彼此间的情谊应该没有厚薄的差别。四海既如一家，则一家之内又何必隔境设界？然而，现今的地球，已经被分成许多区域，各自划分国界，人民各自在其境内结成集团，称为国民，为求其集团的利益而设立政府,甚至有拿起武器杀害界外兄弟,掠夺界外土地,争夺商业利益等等,这绝不能说符合宗教的精神。看到这些罪恶,姑且不论死后的裁判如何,就以今生的裁判也是不完善的,这种人应该说是耶稣的罪人。

然而,从目前世界的情况来看,没有一个地方不建立国家,没有一个国家不成立政府的。如果政府善于保护人民,人民善于经商,政府善于作战,使人民获得利益,这就叫作“国富民强”。不仅本国人引以自豪,外国人也感到羡慕,而争相仿效其富国强兵的方法。这是什么道理呢?这是由于世界大势所趋,不得不然,虽然违背宗教的教义。所以,从今天的文明来看世界各国间的相互关系,虽然在各国人民的私人关系上,也可能有相隔万里而一见如故的例子,但国与国之间的关系,则只有两条。一条是平时进行贸易互相争利,另一条就是一旦开战,则拿起武器互相厮杀。换句话说,现今的世界,可以叫作贸易和战争的世界。当然,战争的种类也很多,其中也可能有为了消灭战争的战争。贸易本来是为世界上互通有无,是非常公正的行为,所以不认为战争和贸易在本质上一律都是坏事。但是,从目前世界上所进行的战争和贸易的实况来看,绝不能认为是从宗教受仇敌的善意出发的。

如果像上述那样单从宗教一方面来论断,贸易和战争,似乎是极粗野而卑劣的行为,但从目前的具体情况来看,却并不如此。因为,贸易虽是争夺利润的,但并非单凭暴力所能作好的,它是需要运用智慧的事,所以就不能禁止人们进行贸易。而且发展对外贸易,必须开发国内,所以贸易的发达,就表明了国内人民知识的进步和文学技术的发展,可以对外放出光辉,也可以说是国家繁荣的征象。战争也是如此，如果单从战争是杀人之道来说，当然是可憎的。然而，现今如果有人敢于发动非正义的战争，即使在今天不十分文明的情况下，也尚有明文条约，谈判交涉，国际公法，以及知识界的舆论等等，所以不易得逞，并且还有不是专为争利，而是为了国家的荣辱，或为了真理而战的。所以，杀人和争利虽然为宗教所反对，难免要被认为是教敌，但是，在目前的文明情况下，也是势非得已。因此，应该说，战争是伸张独立国家的权利的手段，而贸易是发扬国家光辉的表现。

凡力图伸张本国的权利，使国富民强，提高本国人民的智德，和发扬本国荣誉的人，称为爱国的人民，这种思想称为爱国精神。他们的目的在于同外国划清界限，纵无害他之意，也有厚我而薄他之心，也就是愿意以自己的力量来保持国家的独立。所以，爱国精神虽非私于一己，也是私于一国的思想。也就是，把地球分为若干区域，在各区域内结成集团，各自谋求本集团利益的自私心。所以爱国精神和自私心是名异而实同的。说到这里，就会使人感到一视同仁、天下一家的大义和尽忠报国、主权独立的大义，是相悖而不能相容的。因此，主张把宗教推广到政治上，以此建立国家独立基础的学说，是思想方法的错误。宗教只是关系到个人的私德，和国家独立的精神完全是两回事，即使宗教能够维系人心，但对团结人民共同保卫国家，绝不会起大的作用。如果从大体上把现在世界各国的情况和宗教的精神加以比较，那么，宗教就过于宏大，过于善美，过于高超，过于公平；而各国对立的情况，则过于狭隘，过于卑劣，过于浅见，过于偏颇，此两者是结合不起来的。

另有一种汉学家，见解稍广，虽不像皇学派那样专靠思古之

情，但他们的主张仍不外乎是以礼乐征伐来统御人民，企图以情感与法律相结合的方式来维系民心，这也绝不适合现代的情况。如果这个学说得到实现，则社会上只知有政府而不知有人民，只知有官而不知有私，反而使人们越发陷于卑屈，还是不能提高一般的品格。关于这个问题在本书第七第九两章已经论及，兹不赘述。

如上所论，目前我国的处境是十分困难的，但人民并不感觉有困难，好像摆脱了旧时代的束缚，十分舒适似的。对此，有志之士深以为忧，皇学家则主张国体论，洋学家则主张推行耶稣教，汉学家则主张实行尧舜之道，莫不致力于维系人心统一思想趋向，以保卫我国的独立，但是这些主张直到今天还没有一个收到成效，同时相信以后也不会收到成效，这怎不令人慨叹！因此，我不能不谈谈生平所见。凡是讨论事物，首先要弄清事物的名义和性质，然后才能找到处理的方法。譬如防火，首先要了解火的性质，懂得了以水可以灭火的道理，然后才能得山防火的方法。现在说我国处境困难，究竟困难是指什么呢？并非政府的政令不能推行，并非人民不缴纳赋税，也非人民突然陷于无智，也非官吏全部愚昧而营私。从这些情况来看，日本依然是原来的日本，毫无变化，并没有可忧虑的地方，甚至与过去情况相比，在某些地方还有所改善和进步。然而，所谓我国的情况与往年相比，更加困难更加值得忧虑，究竟是指哪些事情，忧虑的是哪些问题呢？我们必须把它弄清楚。我认为这些困难问题并不是我们祖先遗留下来的，这肯定是最近才突然发生的病态，而且已经危及我们国家的命脉，欲除而不能除，想治而缺乏医药，好像单凭我国原有的力量已经不能克服。因为，假如日本还是原封未动的日本的话，就应该心安理得了，既然人们特

别感到忧虑，这就证明一定是发生了新的令人忧虑的病症。社会上有识之士所忧虑的，也肯定是这个病症，我虽不知有识之士如何称呼它，但我则称它为对外关系。

即使国内有识之士不把这个病明显地叫作对外关系，但其所忧虑的却正和我相同。既然都是忧虑现在对外关系的困难，那么，问题的名义也就决定了，然后，就要分析问题的性质。本来，外国人来日本的目的只是为了贸易。那么，再看看今天日本和外国之间进行的贸易情况，可以说西洋各国是制造产品的国家，而日本是出产物资的国家。所谓制造产品，就是把天然物资进行加工，譬如，把棉花织成布，把铁做成刀。所谓出产物资，就是依靠天然的力量生产原料，譬如，日本生产的生丝和矿产等等。由于这种情况，所以才假定把西洋各国叫作制造产品的国家，把日本叫作出产原料的国家。固然，产品制造和原料生产之间，难以明显划分界限，但是前者使用人力较多，而后者依靠天然力量较多，所以名称不同。从经济上说，一国的贫富，同天然物产多寡的关系极微，实际上完全取决于投入的人力多寡和技术的高低。例如，土地肥沃的印度贫穷，天然物产极少的荷兰却很富。所以，在制造产品国家和出产原料国家之间的贸易上，前者是用无形无限的人力，后者是用有形有限的物产，是力与物交易。如果详细地说，就等于生产原料国家的人民，不从事应作的体力和脑力劳动，而到海外雇佣制造产品国家的人，利用其体力和脑力，然后用本国的天然物产支付其劳动代价。这好比，有年俸三百石米和十口之家的武士，过着安逸的生活，不从事劳动，每天饮食取自饭馆，冬夏衣服购自服装店，日常生活用品莫不由市上购买，每年都用这三百石米去支付。这三

百石俸米正如天然物产，年年如此支付，绝不会有所积蓄。如今我们日本和外国之间所进行的贸易，大致就是如此，归根结底，还是日本的损失。

西洋各国由于制造产品而致富，并由于文明日益进步的结果，人口逐年增加，如英国可以说已达到了最高峰。美国人民也是英国的子孙，澳洲的白种人也是英国的移民，在东印度有英国人，在西印度也有英国人，其人数多至不可胜计。假定把现在分布在世界上的英国人和几百年来英国人的后裔，全部集中到现在的英国本土大不列颠和爱尔兰，与现在的三千万英国人民一同居住，则全国的产品不单不足以供应其衣食，而且大部分平地都要被建筑住宅所占用。由此可见，文明逐渐进步，人的关系得到适当调整，则人口必定增加。生殖子女一事，人与老鼠完全一样。只是老鼠不能保护自己，或死于饥寒，或被猫捕噬，因而繁殖不大。但如果环境适宜，又能免于饥寒、战争和传染病等的灾患，则人类的繁殖力会像老鼠生殖率一样急速增长，因此有些欧洲的古国曾经为此感到困难。为解决这个问题，这些国家的经济学家提出了两项对策：第一是输出本国的成品，而从土地丰饶的国家输入生活资料；第二是把本国的人民移至海外殖民。其中，第一个办法，因有一定限度，仍不能充分解决问题；第二个办法需要大量资金，也不容易收到成效。因此，又出现了第三个办法，这就是将资本投到外国，取其利润以供本国的需要。本来，向海外移民，最好是能找到已经开垦好的地方，可是开垦好了的地方，都建立了国家和政府，而且人民也有其固有的风俗习惯，外国人想杂居其中谋求利益，也极不容易。所以，唯一的办法，是向工农业技术落后、贫困而缺乏资金以

及劳动力多的海外某些国家，输出本国的资本，这样，贷款利息较高，是一种不劳而获的办法。换句话说，这种办法就是不移殖人而移殖金钱。人由于风俗习惯关系，不易移殖，但是金钱就不会有本国和外国的区别了，只要利息合适，就会愿意借用外国金钱，不知不觉地把利钱付给外国人。这真是发财致富的捷径。现在日本已经借了不少外债，对其利弊不能不加以考虑。文明国家和未开化国家相比较，生活情况完全不同。文明愈进步，生活费用也愈增加，即使撇开人口过剩问题不谈，在日常生活费用上，有一部分必需求之于外部，而供给这些费用的国家，就是落后的未开化国家，所以，世界上的贫困也就全部落于未开化国家。借用文明国家的资金而交纳利息，正是贫困归于落后国家的具体表现。因此，借款问题，不只是和人口过剩问题有关。现在特别提出这个问题，一则是为了提供学者参考，二则是为了指出西洋人唯利是图的一个明显的原因。

以上就对外关系的性质，论述了在经济上的得失问题。现在再谈谈对外关系对于日本人的品德的影响问题。近来我国人民的思想也大有改变，关于万民平等的学说，几乎风靡全国，似乎没有异议了。但所谓万民平等的意义，不只是一国之内人民彼此之间权利平等，而是这一国的人民和另一国的人民之间也是平等的，这一国与另一国之间也是平等的，也就是不分贫富强弱，应该一律平等的意思。然而，自从外国人到日本通商以来，虽然条约上明文规定彼此平等，但实际上，绝对不然。例如，在小幡笃次郎在民间杂志第八期上发表的文章里有这样一段：“……美国自从与日本通邮以后，便派遣水师提督佩里率领一支舰队开入日本领海，强迫要求与我通邮通商，他的借口是，吾人共戴一天同立一地，所谓四海之内皆兄弟也，如果一味地拒绝而不容纳，乃是天之罪人，这样，即使引起战端，也要实现通邮贸易云云。试看这话是多么漂亮，而干出的事又是多么丑恶呀！言行的矛盾，可以说莫此为甚了。如果撇开外交辞令而直截了当地说，就是‘你若不和我通商我就杀你’。……试看当下首都的情况，凡骑马坐车趾高气扬驱人避路的多系海外洋人。偶有警察、行人，车夫、驭者与洋人发生口角，洋人总是旁若无人似地拳打脚踢，懦怯卑屈的日本人根本不敢还手，怎样也奈何不了洋人，有些人只好忍气吞声连法庭也不去。偶有因买卖交易等问题而诉讼的，也得到五大通商港口去受外国人的裁判，结果还是有冤无处伸。因此，人们都认为与其诉讼而得不到伸冤，不如忍气吞声倒省事。这种情景，恰如软弱的新媳妇站在凶狠的婆婆跟前一样。洋人既然这样有势力，又是从富国来到穷国，花费较多，于是一般贪利之徒，争相献媚，企图发洋财，因此，在洋人所到之处，无论是温泉、旅馆、茶馆或酒家等等人情都变为浇薄不问事理的曲直，只看金钱的多少，这就使得本来已极傲慢的洋人愈加狂妄自大，这种情况实在令人不胜厌恶”。以上是小幡君的议论，我也完全同感。此外，同洋人发生关系的，还有居留地问题，有内地旅行问题，有雇佣外国人问题，有出入港口关税问题。在这些问题上，在表面上虽然各国彼此之间一律平等，但实际上还不能说真正平等。既然同外国不能平等，如果我们又不重视这个问题，那么，日本人民的品格必将日趋卑屈。

前面已经谈过，近来，社会上有许多人提出人民权利平等的学说。有的甚至主张废除华族和士族的名称，以便在全国范围内体现平等的精神，从而提高人民的地位，并扫除卑屈的旧习。这种议论豪爽干脆，实在令人称快，然而，唯独在对外关系上，却很少有人主张平等的，这是什么道理呢？不论华族士族，或是平民，都是日本国内的人民。对于本国人民之间存在不平等现象，尚且认为有害，而努力要使大家一律平等。然而对于利害不一致，人情不同，甚至言语、风俗、肤色、体格完全不同的万里之外的外国人与我们之间存在的不平等问题反而不感到痛心，这究竟是什么缘故呢？这难道不是咄咄怪事吗？这里一定会有各种各样的原因。照我看，最主要的原因有二。第一，由于主张权利平等的学者，对它的学说体会得还不够深刻。第二，由于和外国人来往的时间尚浅，还没有发觉其为害之大。分别论述如下。

第一，今天在社会上主张人民权利平等的虽然不少，但这些人大都是学者之流也就是士族，在国内属于中等阶层以上的人和有过特权的人，以往并不是没有权力因而受别人欺压的人，而是曾经有权有势欺压别人的人，所以，由他们来主张权利平等，就不免有隔靴搔痒之感。比如，不是亲口吃过的食物，就不知其真正的滋味，没坐过监狱的人，就谈不出来真正狱中的苦楚。假使全国农民商人都有知识，让他们说出当年身受特权者欺压的痛苦，说出彻骨的愤恨，只有听到这些，才能写出真正深刻的平等论来。但是，这些无知无勇的人民，虽曾受到欺侮，而不知应当愤怒，或内心虽感到愤怒而口里却说不出，因此别人即使想描写这种情况也很难得到真实材料。不仅如此，就是在今天，一定还有许多人对于社会上的不平等现象，感到愤怒和痛恨，但这些心理都无法了解，只能以我的想象去推测而已。所以说，今天的平等论，归根结底还只是由别人臆测出来的。学者若要了解平等论的真谛,写出正确的理论,则无须找别人,应该求诸自己,回顾一下从少年时代起一直到目前为止自己的经历,就能有所发现。不论哪种身份的人,也不论华族或士族,只要仔细回忆一下自己的亲身体验,就会发现,在一生之中,一定有过遇到权力偏重而愤愤不平的经验。这种愤懑不平的心情,不必问别人,只反问自己。现在从我的记忆中,举出一例来说明。我生在幕府时代一个地位很低的世袭小藩臣的家庭,当时在藩中,每逢接触大臣士族,就受到蔑视,虽然是在童年时代心里已经感到不平。但是,这种不平的真实心情,若非是和我一类的小藩臣,是体会不到的。至于那些大臣士族,恐怕直到今天也想象不到的。有时偶尔离开藩地到别处旅行,如果遇到过公卿、幕府官吏或德川三家的家臣,在驿站里就把轿子给夺去;在渡口上被抢先渡过;有时不准同住一家旅馆里,睡到深更半夜突然被赶出去。这种情况,在今天说来,虽然不值一笑,但当时身受时所感到的气愤,迄今记忆犹新。这种气愤只有身为世袭诸侯家臣的我自己才会有,至于引起我气愤的那些公卿、幕府官吏、德川三家的家臣,当然是丝毫不知。即使不完全如此,对他人的气愤也只能凭主观去臆测而已。我在日本还是中等以上的士族阶级,对身份高于我的人尚且怀有不平,对于比我身份低的农民和商人,一定有的地方会使他们感到不平,只是我不知道而已。世上这类事情很多,如果不是身临其境,就不可能体会真实感情。

由此看来,现在的平等论,尽管论点似乎是正确的,但并不是根据本人的亲身体会,而是推测旁人的心理而立论的,所以也就不能真切细致地反映情况。因此,在叙述权利不平等的弊害时,就不免有粗疏迂阔之嫌，论述国内情形，尚且不免于粗疏遗漏，至于谈到对外关系，涉及到与外国人争权利的问题上，当然更不用说了。将来如果让这些人掌握外交，广泛地和外国人接触，亲自负责为国家争权利时，就会像我国农民商人蒙受士族的欺压，世袭小藩的家臣蒙受公卿、幕府官吏、德川三家的家臣的侮辱一样，受到外人的轻侮，到那时，才会了解到现在的平等论的迂阔，觉悟到权利不平等的可憎、可恶、可怒和可悲了。而且，旧时的公卿、幕吏和士族，虽然傲慢无礼，但终归是本国人，知识也贫乏，因此平民对付他们，还可以敬而远之和表面尊敬而暗中骗取他们的金钱。这虽然是下策，仍可借此聊泄不平之气。可是，今天外国人的狡黠慓悍情形，远非公卿幕府官吏所能比拟，其智可以欺人，其辩可以诬人，欲争有勇，欲斗有力，可以说是一种智勇辩力兼备的超级的华族和士族。所以万一被其制御而受其束缚，则其严密程度，将达到连空气都不得流通那样，我们日本人民将被窒息而死。想象到这般情况，怎能不令人毛骨悚然！

兹引印度的例子，作为日本的殷鉴。英国人统治印度，手段之毒辣，简直不忍形容。例如，印度政府任用人员的方法，是不论英人、印人均有同样的权利，一律量才录用。然而对于印度人，只限十八岁以下的可以适用这项规定，其录取条件当然是，通晓英文和英国情况，否则就不合格。所以印度人在十八岁以前，既要学好本国的学业，同时还要学好英文，而且以其英文程度和英人相比，如不优于英国人就不可能被录取。如果超过一岁，十九岁才毕业者，因受年龄的限制，不问其才学如何，也不论其品行如何，一概不予录用，不准参加任何印度政府机关或地方的工作。然而，英国人并不以这种苛法为满足，另外还规定了考试地点在英国伦敦，故意使印度人远渡重洋到伦敦应试。所以印度人即使到了十八岁，并具备相当学力，如不耗费大量金钱，远程跋涉，就不能做官。在这个条件的限制下，不论学问深浅，家产若不富裕也当不上官。或许偶有胆大的人，不惜花费巨资去伦敦应试，如果不幸名落孙山，就要倾家荡产。这种刁难情形，真是无法形容。英国的暴政，可以说是无所不用其极。还有一项法律，规定印度政府审判时的陪审人，只限由英国人充当，而不准任用印度人（即 Jury，陪审委员团，见“西洋情况”第三卷，英国部分，第九页）。听说有这样一件事，有一个英国人在印度枪杀了一个印度人，在审讯时，被告人答称：“当时看到一个动物，只当是个猴子而开枪打了，结果不是猴子而是个人！”，在座的一排陪审员们一致表示无异议，因而判决被告无罪。

最近伦敦有几位学者私人组织了一个团体，企图致力改革印度情况。上举的这个控诉就是 1874 年春某印度人向这个团体提供的书面材料。这是根据当时在伦敦的老友马场辰猪的报告。马场先生曾参加这个团体，并亲自听过这段故事，据他说，这类事情在印度简直不胜枚举。

第二，自从外国人和我国通邮以来，迄今仅二十年，开辟了五个港口，但是进出口货物并不多。外国人聚集地点，主要是横滨，神户次之，其余三港人数不多。根据条约规定，各港口设有外国人居留地，并划定界限，外国人的旅行范围规定在从港口算起十日里以内，非经日本政府批准不得越界。其他关于买卖不动产和借贷金银等等，也有法令规定。由于内外之间没有许多限制，所以到现在为止，虽然双方交往渐趋频繁，但内外人民之间仍然很少有接触。即使在交往过程中，有的日本人受到委屈而感到不平，大约也只限于通商港口附近的人民知道这种情况，很少传闻全国。同时，自开港以来，关于政治方面的外交事务，都由政府一手包办，人民无从知晓。例如，横滨市生麦事件，因杀害英人赔款十万镑，下关事件赔款三百万美元，又如旧幕府时代向荷兰订购军舰，同法国人订立条约开办横须贺制造局，维新后也买过炮舰，建设灯塔，修筑铁路，架设电线，募集外债，聘用外国人员等等，交涉非常频繁，其中或许我们根本没有受到委屈，但在一些无理的交涉中，不免要在经济上吃些亏。不管怎样，对方绝对不会吃亏，这是很明显的。至于我方是否得到充分利益和体面则极为可疑，由于政府一手包办，人民无从知悉。不但小民如此，就连学者士君子以及未参与其事的政府官员也毫无所知。所以，我国人民关于外交的情况，既不知双方权利是否平等，又不知是否吃过亏，也不知其利与害，更不知其得与失，茫然如同看外国的事情一般。这就是我们日本人为什么不知道和外国人争权利的一个原因。既然不知道，也就无从忧虑了。

外国人来到日本为期不久，并且到今天为止，还没有使我们受到重大损害，没有使我们太不体面的事，因此在人民的心里印象不深。但是真心爱国的人士，不可不把眼光放远一些，广泛考察世界上的古今事迹。试问，今天的美利坚原来是谁的国家？这里的主人印第安人，不是被白种人所驱逐，而宾主易位了么？所以今天美利坚的文明是白种人的文明，不能称它为美利坚的文明。再看东洋各国及澳洲诸岛的情形又是如何？凡是欧洲人所到之处，当地人民能否保全本国的权利和利益，并真正保持本国独立呢？波斯、印度、暹罗、吕宋、爪哇又如何呢？桑德威治[1]岛在1778年被英人加比丹高克发现。据说此岛比附近诸岛开化最快，可是该岛在发现初期尚有三四十万人口，但到了1823年只剩下十四万人口。五十年之间，平均每年人口减少了大约百分之八。人口的减少可能有种种原因，姑且不论，所谓开化，究竟指的是什么呢？只不过是指该岛土人停止了吃人肉的恶习，而能适合做白种人的奴隶而已。至于中国，因为幅员广大，西洋人尚不能深入内地，现在仅出入于沿海一带，但观察今后趋势，这个帝国也将要变成西洋人的田园。西洋人所到之处，仿佛要使土地丧失了生机，草木也不能生长，甚至连人种也有被消灭掉。看到了这些事实，并想想我们日本也是东洋的一个国家，尽管到今天为止在对外关系上还没有遭受到严重危害，但对日后的祸患，却不可不令人忧虑！

以上所述如果是事实，那么，日本的对外关系问题，不管从经济上说，或是从权利上说，都是极其艰巨的，可以说是危害国家命脉的重病。这个重病是全国人民的共同病患，所以必须由全国人民一同来寻求治疗方法，无论病况加剧或好转，都是自己的事，一切利弊得失全都属于自己的，丝毫也不应依赖别人。见识短浅的人，看到近年来的社会情况与前不同，便认为这是文明，这是对外关系给带来的好处，并认为对外关系越频繁，日本的文明就越进步，因而表示欢迎。然而他们所指的文明，只是表面形式，根本不是我所希望的文明。縱然使这种文明能够得到高度发展，如果全国人民没有真正的独立思想，文明也不能对日本起什么作用，那

---

① 按即夏威夷岛。——译者

么，就不能称为日本的文明。在地理上，虽以土地山川称为国家，而我则认为领土和人民结合起来才能成为国家。所谓国家的独立，所谓国家的文明，是指一国的人民团结一致保卫国家独立，维护国家权利和尊严而言。如果谈国家的独立和文明只联系领土，而不联系人民的话，那么，看到今天美利坚的文明，就应该为印第安人庆幸了。同时在我们日本，将政治、学术等等一概都交给文明的欧洲人担任，让日本人充当奴隶，受欧洲人的驱使，这也不会对日本领土有什么影响，反而能使日本成为比目前还高几百倍的独立文明国家了，这真正荒谬绝伦了。

有的学者说："国际间的来往是出于大公无私的，彼此未必怀有恶意。所以尽可自由贸易、自由来往，而听其自然。如果真有损害我们的权利和利益的情形，就应该从我方检查其所以发生的原因，不修己而苛责于人，是于理不合的。今天既然和外国人和平交往，就应开诚布公，保持友谊，不可存丝毫的疑心"。这种说法诚然有理，个人与个人之间的私交确实应当如此，可是国际间的交往和个人的私交，性质是完全不同的。大家知不知道以往封建时代各藩之间的交往情况？各藩人民不见得不知道，但在藩与藩之间的交往上，就不免有自私心，这种情况对外藩而言固然是私，但对藩内来说就不能不叫作公，这就是各藩的私情。这种私情，不是高唱大公无私所能消除的，只要有藩存在，就永远会有这种私情。直到数年前由于废藩，才消除了它，到今天各藩人民似乎逐渐摆脱了旧藩情感，然而在各藩存在期间是绝对不能责备的。只是在本国内的各藩之间，尚且如此，而对于东西悬隔，地域不同的外国人，主张本着大公无私的精神和他们交往，这究竟是何居心？未免过于迂

阔了！这只是所谓“老好人”的论调而已。大公无私当然是值得推崇的，如果西洋各国根据大公无私的精神对待我们，我们当然欢迎，绝不拒绝。不过，要想做到这一步，首先必须像我国废藩那样废除全世界的政府，学者是否认为有此可能？如果没有这种可能，只要世界上有国家有政府存在，就无法消除各个国民的私情，既无消除私情的办法，彼此便不得不以私情相待，这就是为什么偏私和爱国精神名异而实同的缘故。

如上所述，对外关系是我国一大难症，医治此症非依靠本国人民不可，这件工作异常艰巨。本章开头所说，我国目前还不是太平无事，所存在的问题比往昔任何时期都要艰巨，正是指这种对外关系的痼疾而言。正应该在对外关系上，拿出全心全意，抛弃个人利益甚至生命。既然这样，今天的日本人还能逍遥自在优游岁月吗？闲居终日，无所事事吗？有史以来的所谓君臣之义、祖先的传统、上下的名分、贵贱的差别，在今天难道不是已变成为国家大义、国家之传统、内外之名分、内外之差别，并加重了多少倍了吗？如在往昔封建时代，萨摩藩的岛津氏和日向藩的伊东氏有旧仇，伊东氏的臣民十分仇视萨摩藩，据说每年元旦群臣朝觐时，照例先互相告诫不要忘记萨摩藩的仇，然后才贺年。在欧洲，据说法国皇帝拿破仑一世时代，普鲁士大败于法国，蒙受奇耻大辱，普鲁士人非常痛恨法国，从不忘复仇之念。因此国民除了发愤图强以外，还采取了诸如把当年普鲁士人惨败蒙辱悲愤的情景，绘成图画悬挂在全国的教堂和其他群众集会场所等各式各样的方法激励人心，以图复仇。终于在 1870 年达到了目的。这些事情，都是出于憎恨的不良心理，并不值得赞美，但从这里可以了解到保卫国家的不易和人民

的艰苦奋斗。我们日本在对外关系上虽然尚未尝到伊东氏和普鲁士的苦头，但是根据印度和其他前例，应该像伊东氏和普鲁士那样警惕奋勉。全体国民不仅应该在元旦作一次告诫，而应该每天早晨互相告诫，先不容忽视对外关系，然后再进早餐。由此可见，并不是日本人卸下了祖先遗留的重担以后，便没有新的负担，而是新的负担已经压在肩头，并且比旧的还要重几百倍，要肩起这个重担，必须比过去多用几百倍的力量。在从前只需要是忍辱负重，而今天除了忍辱负重，还需要有蓬勃的朝气。所谓提高人民品质，就是要锻炼这种忍辱负重的精神和朝气蓬勃的干劲。可是现在人们肩起了重担，还觉得很轻松，这只是由于不知重担的性质和轻重，因而漫不经心，或者知道关心而不知怎样担负，以致方法上发生了错误。比如社会上有很多人憎恨西洋人，但他们弄不清为什么该憎恨的不去憎恨，不该憎恨的反而憎恨，抱着猜疑嫉妒的心情，只为眼前的一些琐事而气愤，小则进行暗杀，大则发动攘夷，结果给国家造成了莫大的灾害。这种人简直是一种癫狂，可以称作重病国中的病人。

还有一种爱国者，比攘夷家见解稍高一筹，他们虽不盲目排斥外人，却认为对外关系所以存在困难，其根本原因完全在于兵力之不足，只要能加强军备，就可以取得对外的均势，因而主张增加陆海军军费，购买巨舰大炮，修筑炮台，建立兵工厂，这些人大概是看到英国拥有千艘军舰，便认为如果我们也有千艘军舰，就可以与英国抗衡；这种想法毕竟还是不了解事物间的适当配合。英国拥有千艘军舰，并不是仅仅有此军舰千艘，既然，有千艘军舰，就必然要有万艘商船，有万艘商船必然要有十万海员，培养海员也不能没有

学问，因此，学者也要多，商人也要多，法律也要完备，商业也要发达等等，举凡人类社会所需要的一切事物都完全具备，恰好能够适应千艘军舰的需要，所以才能拥有千艘军舰。其他如兵工厂和炮台等也莫不如此，它们必须与其他各种条件适当配合。如无适当配合，虽有利器也不能发挥作用，这正如一个前门不关后门不闭，内部狼藉的人家，即使在门前摆上一门二十吋的大炮，也不能防御盗贼一样。有的偏重军备的国家，不知思前顾后，往往把大量金钱投到军备上，结果因债台高筑而亡国。这是因为巨舰大炮可以抵挡拥有巨舰大炮的敌人，而不能抵挡负债这个敌人。现在的日本也是同样，要想搞军备，不仅大炮军舰甚至步枪军服百分之九十九都要仰赖外国。固然可以说这是由于我国的生产技术落后，而生产技术的落后，也就说明了我国还不够文明。在这种没有具备其他条件的情况下，企图单独充实军备，就会违反事物的适当配合原则因而不起作用。所以，今天的对外关系，并不是单靠充实军备就能维持得好的。

如上所述，暗杀攘夷之论，固然不足挂齿，而进一步扩张军备的办法，也不起作用。再如前述的国体论、耶稣论、汉儒论也不足以维系人心。那么，到底怎样才对呢？唯一办法只有确定目标，向文明前进。那么这个目标是什么呢？这就是划清内外的界限，保卫我们国家的独立。保卫国家独立的办法，除争取文明之外没有别的出路。今天号召日本人向文明进军，就是为了保卫我国的独立。所以说，国家的独立就是目的，国民的文明就是达到这个目的的手段。如果把社会上的一切事物的目的和达到目的的手段计数一下，就会有无数的层次。譬如，纺棉是制纱的手段，制纱是织布的手段，织布是做衣服的手段，衣服是防风御寒的手段。这几个层次的各个手段，既为手段又为目的，归根结蒂，是为了保持人的体温，以达到身体健康的目的。我在本章里的议论，归根结底，是以确保我国的独立为目的的。在本书的一开始就说过："凡讨论事物的利害得失，如不确定其目标，就无法谈论"，这句话，对于了解这段议论可作参考。也许有人认为，人类不应该仅仅以本国的独立为目的，而要看到更远大而高尚的境界。不错，人类智德所要达到的最高境界，当然应该是崇高的，不应计较国家的独立这样的事；不应仅仅以免于受外国的侵凌称为文明。但在目前世界的情况下，在国际关系上，还谈不到这样高远的问题。如果有人谈这个问题，就不免陷于迂阔和不切实际。尤其俯察日本目前的景况，就越发感到事态的严重，更无暇顾及其他。首先要确保日本的国家和人民的生存，然后才能谈到文明的问题；没有国家，没有人民，就谈不到日本的文明。这就是我所以将讨论的范围缩小，只以本国的独立作为文明的目的的缘故。因此，我的议论是考虑目前的世界形势和目前日本的切身利益，并适应日本的急需而提出的，这些议论当然没有高深奥妙之处，希望学者不要遽然根据这个，而误解文明的本义，以致轻视文明和污蔑文明这两个字。同时，我虽然以独立为目的，但并不是要全国人民都成为政论家，每天都从事这项工作。人们的工作各有不同，并且也必须不同。或有的人致力于高深的学术，埋头于谈天雕龙，越研究越深入以至于乐而忘食；也有的人从大搞企业，终日无片刻闲暇，东奔西走甚至忘掉家务；对这些人不但不应加以责难，而且应该当作文明中的一个重要组成部分而加以赞扬。不过，希望这些人：在其废食忘家当中，一旦遭遇

关系到国家独立的问题,能够像被马蜂蜇了那样,感到切身的痛痒!

或许有人说:“如果像上面所述只是希望本国的独立的话,就莫如同外国断绝关系,在西洋人未来日本以前的时代,我国虽然不文明,但总是一个纯粹的独立国家,如果现在以独立为目的,最好是恢复古代的闭关自守,只是在今天才忧虑独立的问题,但在嘉永年间以前人们并不知有这件事。自己开放了国家而又忧虑国家的独立,这等于自己找病而又愁病一样,既知患病之可忧,则莫如恢复原来的无病状态”。对此,我说不然。所谓独立,是指应该有独立的实力,并不是指偶然独立的外表而言,我们日本在外国人来到以前的所谓独立,不是真正具备实力的独立,只是没和外国人接触因而偶然具有独立的形式而已。譬如,未曾经受过风雨的房屋,究竟是否经得起风雨,如不经过实际的考验就无法证实。风雨来否是外界的事,房屋坚固与否是内部的问题,在风雨未来以前,不能证实房屋是否坚固。不但无风无雨时房屋安然无恙,即使遭受任何大风大雨,仍能屹立不动,这才能称得起真正坚固的房屋。我所说的国家的独立是这种意思:使我国国民,广泛地与外国人接触,经过千锤百炼而仍能保持其实力,如同经得起大风大雨的坚固房屋那样。怎能自行退缩而企图复古,以侥幸求得偶然独立为满足呢?况且现在的对外关系如能处理得当,对于振奋日本人心,正是绝好的刺激,所以正应该利用它来大大促进我国的文明。总而言之,我的意思是进而争取真正的独立,反对退而保守独立的虚名。

兹再重申前言,国家的独立是目的。现阶段我们的文明就是

达到这个目的的手段。这里所说的“现阶段”一语具有重要意义，切盼学者不要等闲视之。本书第三章已经论述过，“文明是宏大无比，人间万事莫不以此为目的”，而将人类所应达到的文明的实质作为目的提出来进行了讨论，在这里，我是站在当前日本的立场，自然要把议论的范围也加以缩小，只是把有助于本国独立的东西，姑且定名为文明。所以所谓现阶段我国的文明，并不是文明的终极目的，而仅仅是作为事物发展过程的第一步，首先求得本国的独立，其他问题则留待第二步，将来再去解决。因为在这样限定讨论范围的情况下，国家的独立也就是文明，没有文明就不能保持国家的独立。这样，文明与独立二者，似乎没有什么区别，但是用独立二字，能使人在认识上，界限明确容易了解。如果单提文明，就可能意味着存在某种与国家独立和文明不相干的文明，甚至存在某种危害国家独立和文明的似是而非的文明。举例来说，现在日本各港口停泊着西洋各国的船只，陆上建有雄伟的贸易大楼，俨然像西洋各国的港口那样繁华。然而不明事理的愚人，看到这种繁华景象，有的认为，如今全世界的人民，莫不仰慕我国法律宽宏，争相麇集皇国，从各港口的情况可以看出，我国贸易日臻繁荣，我国文明日益进步，从而沾沾自喜。这岂不是莫大的误解吗？其实这并不是外国人麇集于皇国，而是热衷于日本的茶叶和绢丝。各港口的繁荣虽然是文明的景象，但停泊在港口的船都是外国的船只，陆上的贸易大楼也是外国人的房屋，与我国的独立和文明毫不相干。一文不名的投机者利用外国人的资金，在国内广泛兜揽生意，最后将所得利润全部交还外国东家，却伪装着生意兴隆；又有人向外国借款，用该款购买外国东西，把它运到国内陈列起来，以显耀文明

的景象。其他如洋楼、铁桥、舰船、枪炮之类也是如此。我们日本并不是文明的诞生地，只能说是文明的侨居地。总之，这种商业的繁荣和文明的外观，只能招致国家的贫困，长久下去，必然要危害我国的独立。因此，我在这里所以不用文明一词，而用独立一词，就是为了避免这些误解。

这样，把我国的独立作为终极目的。就好像把今天的人世间一切事物溶化成一个东西，而把所有这一切都作为达到最终目的的手段，这样，这种手段就会多至不可胜数。举凡制度、学问、商业和工业等等无一不属于这种手段。不仅制度学问是这样，就是世俗无聊之事，弈棋游嬉之物，如果细察其内容和效用，也有许多可以列入文明这个范畴之内的。所以，研究人间一切事物的得失利弊时，如果仅仅进行片面的观察，是不容易得出结论的。自古以来学者有许许多多议论，有主张节俭朴素的，有喜欢优美雅致的，有歌颂专制独裁的，也有赞成放任自由的，意见纷纭，你说东我说西，你说左我反驳说右，几乎是无尽无休；甚至有的人毫无定见，只从个人立场而随便云云，其议论完全随其本身的地位出处盛衰为转移。还有更严重的是，利用政府的地位作掩护，凭借区区政权，来贯彻自己的主张，至于他的主张的得失利弊似乎毫不介意，这可谓恶劣已极。这些情况犹如无的放矢，或无法庭而诉讼，谁是谁非，如同儿戏。试看天下事物，若片面地去看，也就无一不是，无一不非。节俭朴素近于简陋粗野，但对每个人来说，还要劝导他学习这种思想作风；优美雅致近于奢侈浪费，但对于全国人民的生活，却不能不希望其日进于优美。国体论顽固保守，虽然对民权极不利，但对稳定目前的政局，维持行政秩序却大为有利；鼓吹民权的过激

论调，虽然大大有害于君主政治，但作为革除人民的卑屈恶习的手段却很有用处。忠臣义士之论、耶稣圣教之说以及儒家、佛家的学说等等，说它是愚就是愚，说它是智也是智，根据其所施用的地方，可以成为愚，也可以成为智。不仅如此，即使那些进行暗杀攘夷之辈，虽然其行为是错误的，但仔细分析其内心，则可以看出确是出于一片爱国心。所以，本章最初所说的君臣之义，祖先的传统，上下的名分和贵贱的差别等等，在人类的思想品质中也是可贵的东西，也就是促进文明的一种工具，因而没有理由一概加以排斥。这些工具，能否裨益于社会，只看如何运用而已。凡是一个人只要不是丧心卖国者，没有不愿意为国家谋利益的。假使有了误国的行为，那是因为他辨不清方向，以致偶然犯了错误。世上的一切事物，都是通过采取各种方法手段才能成功的，所以方法手段越多越好，同时也非多不可。不过在运用千百种手段时，方法上不要发生错误，应该深思熟虑，研究一定的手段是否和一定的目的有联系，如果有联系，究应怎样来达到目的，是直接达到呢，还是间接通过另一种手段然后达到。或者同时有两种手段时，就应考虑哪一方面重而应先用，哪一方面轻而应后用等等。总之，最重要的是，不要忘记最终和最大目的。如同下象棋，步法虽然千变万化，但最终目的，是保护住自己的老将而把对方的老将将死。如果只重视车而不重视老将，就是象棋的拙手。所以，我提出"我国独立"四个字，作为本章的标题来划清内外的界限，指出群众应遵循的方向。只有这样，方能衡量事物的轻重，确定事物的缓急。轻重缓急已经明确，昨天所恼火的事情，今天就变成可喜的现象，去年所喜欢的事情，今年则变成可忧的事，得意变为忧虑，乐园变为苦境，仇敌变

成朋友，外人变成兄弟，共喜怒同忧乐，而走向同一目标。依我个人所见，维系目前日本的人心，唯此一法而已。

图书在版编目(CIP)数据

文明论概略/(日)福泽谕吉著;北京编译社译.—北京:商务印书馆,2017
(汉译世界学术名著丛书:120年纪念版:珍藏本)
ISBN 978-7-100-14900-6

Ⅰ.①文… Ⅱ.①福… ②北… Ⅲ.①文明—日本—近代 Ⅳ.①G131.32

中国版本图书馆CIP数据核字(2017)第160069号

汉译世界学术名著丛书
(120年纪念版·珍藏本)
文明论概略
〔日〕福泽谕吉 著
北京编译社 译

商 务 印 书 馆 出 版
(北京王府井大街36号 邮政编码100710)
商 务 印 书 馆 发 行
北 京 冠 中 印 刷 厂 印 刷
ISBN 978-7-100-14900-6

2017年12月第1版　　开本710×1000 1/16
2017年12月北京第1次印刷　　印张13¾
定价:70.00元